王承略　劉心明　主編

二十五史藝文經籍志

考補萃編續刊

第二卷

清華大學出版社　北京

圖書在版編目（CIP）數據

二十五史藝文經籍志考補萃編續刊.第二卷/王承略，劉心明主編.—北京：清華大學出版社，2019

ISBN 978-7-302-53725-0

Ⅰ.①二… Ⅱ.①王… ②劉… Ⅲ.①中國歷史－古代史－紀傳體 ②《二十五史》－研究 Ⅳ.①K204.1

中國版本圖書館 CIP 數據核字（2019）第 192822 號

責任編輯：馬慶洲
封面設計：曲曉華
責任校對：王淑雲
責任印製：李紅英

出版發行：清華大學出版社
　　　　　網　　　址：http://www.tup.com.cn，http://www.wqbook.com
　　　　　地　　　址：北京清華大學學研大廈 A 座　　　郵　　編：100084
　　　　　社　總　機：010-62770175　　　　　　　　　郵　　購：010-62786544
　　　　　投稿與讀者服務：010-62776969，c-service@tup.tsinghua.edu.cn
　　　　　質量反饋：010-62772015，zhiliang@tup.tsinghua.edu.cn
印　裝　者：三河市金元印裝有限公司
經　　　銷：全國新華書店
開　　　本：148mm×210mm　　　印　　張：7.5　　　字　　數：165 千字
版　　　次：2019 年 9 月第 1 版　　　　　　　　印　　次：2019 年 9 月第 1 次印刷
定　　　價：48.00 元

產品編號：079515-01

目　　録

漢書藝文志舉例

孫德謙　撰　李學玲　整理

底本：民國戊午四益宧刻本
校本：《二十五史補編》本

序

　　《前漢·藝文志》爲歷代史家志經籍、目錄家次著録者之祖，繼世而起者，王儉《七志》、阮孝緒《七録》、魏徵《隨·經籍志》、①毋煛《開元古今書録》，皆述事之肖子，百世不遷之大宗也。儉有《條例》九篇，置於《七志》之首。孝緒與儉異同，史譏其"割析辭義，淺薄不經"，則於今存都録之外，自當別有論説，惜其亡佚，不可考知。魏氏約文緒義五十五篇，大較準擬班書，毋氏承之，通變以周其用。迄宋而鄭漁仲鋭志校讎，專以《隨書》衡量諸家，②而時時上推班氏，闡其精意，其言類例與學術相關之故，昭晰通明，鄭氏誠班氏功臣哉！

　　國朝章實齋氏益推鄭氏之旨而上之，由藝文以見道，原推史以言經，而校讎之體益尊，著録去取，乃愈不可以不慎。近世圖籍益蕃，公私書目、省府縣志藝文序録益廣，其事固有出於古人之外者，固有出乎古人之外不可以古義例之者，亦有出於古人之外而仍可以古義例之者，舉一以反三，範圍群言，而不過通乎古今之道，而知舍班氏則何由焉？

　　孫子抑安，今世漁仲也，平生好章氏之學，積思造微，既於《諸子通義》發之矣，閒涉諸家書目、地志藝文之序例，窒焉而求其通，疑焉而求其解，萃不齊者而求其齊，參伍錯綜，一一皆於班書得其類例。都凡四十六科，蕃變在乎千載以下，規矩陳乎千載以上。市有平，不可欺，卷有師，不可背也，善已！余語孫子："例"字蓋出自法家，西漢恒言"比"，東漢恒言"例"。蓋所

---

①　"隨"，《二十五史補編》本作"隋"。
②　"隨"，《二十五史補編》本作"隋"。

謂"名例"者,具體於《法經》,及賈充、杜預,乃后定爲律首,而張斐明其義,譬《藝文志》於《法經》,子且爲班氏張斐乎？孫子盤辟而笑。乃書其語於策,時宣統九年歲在丁巳十月南于寐叟撰。①

_____

① "時"下,《二十五史補編》本無"宣統九年歲在"六字。

序

　　目録之學，何昉乎？昉於史。而大別則有三：《七略》《中經簿》《崇文總目》則官家之目録也；《直齋解題》《郡齋讀書志》，下至《絳雲樓》《愛日精廬》諸書，則藏家之目録也；各史藝文、經籍諸志，則史家之目録也。三者惟史家目録其體最尊。《隋书·經籍志》序既以經籍之用探原於史，而史部簿録類則云：“古者史官既司典籍，蓋有目録以爲紀綱。”徵之古《周官》，五史皆掌書，而外史且達書名於四方。既有書名，則必有目録以載之。目録之見於史者，厥惟班氏《藝文志》。班《志》之部居群籍也，考鏡源流，辨章舊聞。不詡詡侈談卷册，與藏家目録殊；不斷斷詳論失得，與官家目録亦異。蓋所重在學術，用吾識別以示隱括，同於法家之定律，所謂例也。《史通·序例》篇云：“史之有例，猶國之有法。國無法，則上下靡定。史無例，則是非莫準。”此雖指全史言，而藝文爲學術流別所關，尤不能外是。昔王儉撰《七志》，嘗作《條例》九篇，編乎卷首。目録之有例，實自儉始。夫《七志》，官家之目録耳，尚有條例以明筆削之義，曾謂囊括一代之國史，緯六經，掇道綱，而如《春秋》之無達例乎？且史家目録，詳備不及官家，繁密不及藏家，正賴有例提挈綱要，所以卓然成一家之學，使藝文而無例，虛占篇幅，將焉用之？無惑乎劉子元，曠代通人，謂“凡撰志者，宜除此篇”也。

　　吾友孫君益菴，於学无所不闚，嫥精諸子，而尤邃於流略。冥心捷獲，援王儉之法，創通班《志》，成《舉例》一卷，宏綱細領，恢恢康莊。班《志》之例定，而後族史之得失定，即一省、一府、一縣徵文考獻之書，亦莫不定。“整派者依源，理枝者循幹”，爲功史學，蓋不在劉子元下。[①] 夫自來治班《志》者多矣，在宋則有王伯厚、鄭漁仲兩家。王但詳於考古，於史無裨；鄭亦惟辨其編次之當否而已。至近代，章實齋始深寤“官師合一”之旨，其所著《校讎通義》，廣業甄微，傑然知言之選。而史家發凡起例，爲後世著録成法，則未及條別，尚不能無待於後人。君素服膺章氏者，此書補實齋之未獲，推見孟堅之至隱，不獨爲史家祛惑，實可爲目録家起衰。近今之騖鑒別者，[②]百宋千元，矜多炫秘，不有君書，又安知目録一學之關係史裁若是之鉅且要乎？嗚呼，二千餘年，無此作也。君書成，謂必得深於實齋之學者序我書。余之服膺實齋也與君同，曩嘗纂《史微》，闡明實齋“六經皆史”之誼，每相與撫塵而笑，莫逆於心。海内同志，落落兩人。今籀君書，雖不能文，泚筆以附簡端，所不辭云。丁巳秋七月同學弟張爾田序。

---

① “元”，《二十五史補編》本作“玄”。按，作“元”係避清諱，下同。
② “騖”，《二十五史補編》本作“鶩”。

序

宣統丙辰，[①]元忠與孫明經隘庵同客海上，見方著《漢藝文志舉例》，以爲簿錄家得此，猶文家之《文心雕龍》，史家之《史通》也。每相過從，輒與沈尚書乙庵、葉侍講緣裴，共促其速成，今秋書來，云將付刊，屬爲之序。序曰：

《漢書・藝文志》無所謂例也，而其所本之《七略》《別錄》，則固有例。惟《七略別錄》二十卷，自《隋書・經籍志》《唐書・藝文志》後，久不見著錄矣，何從知其所爲例。然今世所傳《戰國策》、《管》《晏》《荀》《列》諸子，卷首皆有書錄，即《漢志》所謂“每一書已，向輒條其篇目，撮其指意，錄而奏之”者也。閒嘗比類參觀，大率如《北史・文苑傳》樊遜所云“漢中壘校尉劉向受詔校書，每一書竟，表上輒言‘臣向書、長水校尉臣參書、太常博士書，中外書合若干本以相比校，然後殺青’”之語，乃知書錄自有例。在其《別錄》者，集書錄爲之，則《別錄》之例即書錄之例也。《七略》者，又總《別錄》爲之，則《七略》之例即《別錄》之例也。觀於《史記・太史公自序》索隱及《漢書・司馬遷傳》注，引劉向《別錄》云“名家者流，出於禮官。古者名位不同，禮亦異數。孔子曰‘必也正名乎’”，與《漢書・藝文志》同。因知《志》所言“儒家者流，出於司徒之官”“道家者流，出於史官”“陰陽家者流，出於義和之官”“法家者流，出於理官”“墨家者流，出於清廟之官”“從橫家者流，出於行人之官”“雜家者流，出於議官”“農家者流，出於農稷之官”“小説家者流，出於稗官”，皆《七略》

---

① “宣統”，《二十五史補編》本作“歲在”。

承《別録》語。在《別録》特設此例,以别九流。《後漢書·張衡傳》所謂"劉向父子領校秘書,閱定九流"是矣。吾故知《七略》《別録》之有例也。

雖然,《七略》《別録》之例必待隘庵而舉,何也?曰:在六朝已不知其有例也。試以《南齊書·王儉傳》儉依《七略》撰《七志》言之。《隋書·經籍志》稱:儉别撰《七志》,一曰經典,二曰諸子,三曰文翰,四曰軍書,五曰陰陽,六曰術藝,七曰圖譜,其道、佛附見,合九條,然亦不述作者之意,但於書名之下每立一傳,而又作九篇《條例》,編乎首卷之中。夫每書一傳,即是書録,《別録》體也。其作經典、諸子、文翰、軍書、陰陽、術藝、圖譜、道、佛九篇之例,則不知《別録》之例即在書録中,而又作之。其所作例,祇《廣宏明集》載阮孝緒《七録序》稱"儉又依《別録》之體,撰爲《七志》",下有王以六藝、兵、詩賦、數術、方技等語,當據《七志》例文,實非《七略》《別録》舊例之意。可見王儉當時已不能知《七略》《別録》之例,何況今日?是以隘庵不能不爲舉例也。

然則隘庵不云《七略》《別録》舉例,而係之《漢·藝文志》,又何也?曰:《漢書·藝文志》雖本《七略》《別録》,然亦頗非其舊矣。即如《七録序》後條列《古今書最》,稱《七略》書三十八種,六百三家,一萬三千二百一十九卷,與《漢志》稱"大凡書六略三十八種,五百九十六家,萬三千二百六十九卷",其數不同。蓋班固入劉向、揚雄、杜林三家五十篇,省兵十家之故。其所省十家,則兵技巧家云:"省《墨子》,重。"兵權謀家云:"省《伊尹》《太公》《管子》《孫卿子》《鶡冠子》《蘇子》《蒯通》《陸賈》《淮南王》二百五十九篇,重。"考諸《志》文,始悟道家"《太公》二百三十七篇下"有云"《謀》八十一篇,《言》七十一篇,《兵》八十五篇",當爲班固省除複重後所加,而所加又必不止此。凡今世所傳諸子，確然知其不盡言兵者，如儒家“《孫卿子》三十三篇”“《陸賈》二十三篇”，道家“《管子》八十六篇”，墨家“《墨子》七十一篇”，雜家“《淮南內》二十一篇”“《淮南外》三十三篇”之下，皆當云某若干篇、某若干篇、兵若干篇，以符省除複重篇數。特唐以後本《漢志》，脱去班固所加之語，故王應麟《漢藝文志考證》於《太公》特著《謀》《言》《兵》若干篇，已不能言其所以然。然其非《七略》《別錄》舊弟可知，正其名，自不能不云《漢藝文志舉例》也，此隘庵著書之志也。宣統丁巳冬十月乙酉吳縣曹元忠序。①

---

① “丁巳”上，《二十五史補編》本無“宣統”二字。

所據書不用條注例

　　史家載筆不能無所依據，司馬遷作《史記》，所據者，爲《世本》《國語》《戰國策》《楚漢春秋》諸書。其《自序》則云：“厥協六經異傳，整齊百家雜語。”不聞於紀傳中言其出自某書也。蓋作史自有體裁，其書爲我采取，即足成我一家言，不必重爲注明也。班固《漢書》，孝武以前全同《史記》，或譏其因襲成文，不知《漢書》斷代之史，以漢爲主，與子長之通史異。凡本紀、列傳有可載入《漢書》者，不得不據《史記》爲本。據《史記》爲本，不明言錄之《史記》者，以其各自爲書也。且班彪先作《後傳》以續遷書，孟堅實踵成父業，今書中不列彪名，或又有斥其攘親之美者，此亦非也。《漢書》者，一代之國史，非班氏私家之著述。既非私家著述，則據《後傳》以成書，固無煩標注矣。<small>譬如子孫爲史官，其稿則本之祖父，書成後，祗能署其子孫姓名，祖父不得預焉。蓋當時任修史之職乃其子若孫，豈可謂其没親所長乎？此可爲孟堅辨謗。</small>史之有藝文志，創始於班氏。觀其首序，是所據者爲劉歆《七略》，乃每一書下則不復用條注。然則後之編訂藝文，於所引書目必爲詳注之者，誠未合乎史例也。夫史家之作志，所重者在辨章學術、考鏡源流，與類書、輯佚書有別。類書中事實若不注出典，則近於鄉壁虚造。搜緝佚書，往往於援引書籍並卷數亦注記之，所以不厭其詳者，以爲原書雖亡，今所輯存，皆其散見於他説者也。藝文一志，班氏若因所據《七略》逐條加注，斯實類書、輯佚書矣。勒成信史以垂不刊之盛典，奚取乎？是乃自史學不明，近世爲人作傳者，據他人所撰行狀、墓志剪截爲文，而行狀、墓志則一一注於其下，此雖爲博采通人，信而有徵之義，然施之史道則非是，何也？史臣操筆削之權，作爲一傳，期於勸善懲惡，以昭法戒，所用志、狀之文一經删録，則弁髦棄之可也，又何庸條舉以爲之注哉？
藝文之入史志，爲目録之初祖，亦讀經及群書之綱要。以傳體
比類觀之，修史者但求部次確當、得失詳明，引據之書無取條
注，此《漢志》之舊例然也。或曰班氏此《志》僅據劉《略》而作，
書名之下自可從略，使必繁稱博引，不將所據書分别注之，則没
所從來。其弊也，必至假立名目而無從稽核矣。曰不讀《隋書
·經籍志》乎？序云"遠覽馬《史》班《書》，近觀王阮《志》《録》"，
今考各書下，或閒注阮孝緒《七録》，既非爲本書而注，若王儉
《今書七志》諸目，皆未之見也。豈非《隋志》所據書，種類雖多，
其不用條注，一如班《志》乎？抑又考之後漢以降，史書不立表
志，藝文固有闕而不備者。然《隋書》而外，若兩唐、宋、明各志，
以及遼、金、元補葺之作，苟志藝文，無有取所據書籍而兼注其
出處者。然後知史家目録，宗守《漢書》成例，歷代皆然矣。近見
省府州縣志，凡所據書，皆條注於下，此實未知志書之體，須合史裁也。

删要例

班《志》用劉歆《七略》，而於《輯略》一種則不之載，首序則云："今删其要，以備篇籍。"所謂"删要"者，顏師古注"删去浮冗，取其指要"是也。夫劉氏之《輯略》，所以輯諸書之總要也，顧既爲諸書之總要，自應録而存之，用備後人之覽觀，使知作書者之意。且《七略》雖不可見，劉向所作《別録》雖亦亡佚，然荀子、管子諸家有向書録一篇，皆鉤玄提要，以明其立言之旨。書録者，《別録》之遺文，是其序説猶可考見。歆之《七略》繼父而作，則《輯略》者，亦必語多扼要，有不可節删者。

吾嘗求班氏所以删要之故，而不能得其解。及今思之，知史家作志異於專家目録者在此。專家目録於一書也，不憚反覆推詳；若史家者，其於此書之義理，祇示人以崖略，在乎要言而不煩。是故，以劉氏之《輯略》，雖提綱挈要，猶取其至要之言，其餘則毅然删之而無所顧惜。嘗讀馬貴與《文獻通考》矣，其《經籍》一考，羅列晁、陳諸氏之説，搜采不可謂不勤，然昔人以類書視之，豈非以誇多務得，虛占篇幅，未達史家有删要之例乎？自馬氏不達删要之例，後之爲郡縣志者，則尤往往沿其誤。吾見郡縣志中，載《四庫全書》而不敢增損者多矣。不知郡縣志者，一方之史，爲國史之具體，即以《四庫》爲憑藉，亦可擇要而書，其辨別是非之語，不妨由我删之。初非謂《四庫》之辨別是非不足甄采也，蓋彼爲專家之學，言乎史體，討論得失，不必在書目之下。《漢志》辨章得失，在後論中，下有專條可參觀。因而删之，又復何疑？不寧唯是，書有序跋焉，作序跋者，或窮溯源流，或寄慨時事，居官者則紀其功績，隱逸者則高其性行，振筆而言，無乎不可。至於其人撰述此書之意，不過用一二語以贊嘆之而已。編藝文者，但當采此一二語，揭明要指，彼繁辭縟說則皆可就删也。夫序跋之文，爲用至寬，甚且有彼我交情稱說於其閒者，吾試問，此而不删於本書有何關係乎？總之，史家目錄貴乎簡要有法，以《漢志》之删《輯略》，則一切無關要義者，竟删削之可也。

一書下挈大旨例

目録之學，有藏書家焉，有讀書家焉，向謂此二家足以盡之。今觀於班《志》，則知又有史家也。試言其分別之故：藏書家編纂目録，於其書之爲宋爲元、或批或校，皆著明之，甚者，篇葉之行款、收藏之圖記，亦纖悉無遺。至一書之宗旨，則不之辨也。蓋彼以典籍爲玩好之具而已。讀書家者，加以考據，斯固善矣。如晁公武《讀書志》、陳直齋《書録解題》，每一書下各有論説，使承學之士藉以曉此書之得失，未嘗不可。然即謂其宗旨如此，猶未足奉爲定評者也。若史家則何如？史家者，凡一類之中，是非異同，別爲議論以發明之，其於一書之下，則但挈大旨可耳。

《漢志》易家《古五子》云："自甲子至壬子，説《易》陰陽。"春秋家《世本》云："古史官記黄帝以來訖春秋時諸侯大夫。"儒家《周政》云："周時法度政教。"《周法》云："法天地立百官。"《讕言》云："陳人君法度。"《公孫固》云："齊閔王失國，問之，固因爲陳古今成敗也。"小説家《周考》云："考周事也。"《青史子》云："古史官記事也。"雖班氏於六略中未必一一注明，而此數書者，欲究其旨意何在，即可以得其大略矣。夫作爲一史，於紀傳之中，若國事之盛衰與其人之賢否美惡，所以據直而書，垂示鑑戒，已苦心經營，再三審慎而後出。其他《禮樂》《刑法》各志，關於政教之大，又必詳考其沿革。故"藝文"一志，固已挈其大旨，不僅爲簿記之書，是亦足矣。雖然，古人立言，自有其宗旨可以貫徹全書，如周秦諸子是也。後世學不專門，雜糅而無歸宿者，比比皆然。使欲挈其大旨，恐非易易。曰：是不難。説經必有家法，作文必有宗派，即或無可辨識，將其人徵之碑傳，其書考之序論，則在彼著書之大旨，又豈難爲之標舉哉。

辨章得失見後論例

　　《四庫提要》載録諸書，皆爲之論列得失，所以示人知所去取也。然以《漢志》觀之，史體則異乎是，何也？《提要》者，專家目録之書也。《漢志》於一書下，不過略述大旨，或僅記姓名，其辨章得失則於後論中見之。如《諸子略》云："儒家者流，蓋出於司徒之官，助人君順陰陽明教化者也。游文於六經之中，留意於仁義之際，祖述堯、舜，憲章文、武，宗師仲尼，於道最爲高。孔子曰：'如有所譽，其有所試。'唐、虞之隆，殷、周之盛，仲尼之業，已試之效者也。然惑者既失精微，而辟者又隨時抑揚，違離道本，苟以譁衆取寵，後進循之，是以五經乖析，儒學寖衰，此辟儒之患。"所言得失昭然。此外道、墨諸家，凡所謂"此其所長"及"放者爲之"云云，皆辨章得失之大較也。治諸子學者，苟即是求之，其宗旨不難測識矣。雖然，辨章得失而必見之後論者，何哉？史以記事爲主，秉筆之時，胥關於朝章國典，可以考見一代之治亂興衰。志藝文者，亦用以探討學術，不徒沾沾爲一書得失計也。

　　且史之作列傳也，其後必加論贊。論贊者，或廣異聞，或述佚事，而吾所以褒貶之意，亦即寓乎此。誠以列傳爲叙事體，論贊則皆史官評騭得失之語也。修《元史》者，乃謂"據事具文，善惡自見"，此豈然乎？《藝文志》之辨章得失於後論見之者，亦猶列傳之有論贊，其義相同也。蓋專家目録於一書之得失，可以暢所欲言，史志而亦若是，則不免失之繁。故班氏於一類中別作論説以附於後。非務簡略也，以爲舉其大綱，如斯焉可矣。後世用此例者，惟《隋志》爲然。宋王欽若等《崇文總目》、明焦竑《國史經籍志》尚皆有之，其餘則不多見也。彼方州志乘，或猥録詩文，或不立部目，更何足與語史學哉。

每類後用總論例

　　班《志》於一類後，既作後論以究學術之得失矣，其於一略之中，再用總論者，何哉？蓋後論衹及一家，總論則包舉全體也。《六藝略》云：“五者，蓋五常之道，相須而備，而《易》爲之原。”《諸子略》云：“合其要歸，亦六經之支與流裔。”一則明《易》爲六藝之原，一則明諸子之學，其要皆本於經。是其於一家之中，有不能言者，故復作總論以發揮之。雖然，此有其學識在焉。吾觀後之史志，惟唐修《隋書》尚承此例，其他皆無之者，非不爲也，殆其學識之未至乎。夫《藝文》一志，僅僅分別部目，無關宏恉，則如劉子玄所云“凡撰志者，宜除此篇”奚不可者？然而非也，何則？修史者貴具學識，如使今日編勒成書，試以經部言之，其於詩、書各家，固宜臚陳諸目，著論以評其得失，若經學之盛衰以及元和、陽湖、高郵之派別，當別爲總論以伸明之。如是，則史家目録有一代之學術寓乎其中，固不同藏家編目，徒取記數而已。且班氏於易、書二家皆有“劉向以中古文”云云。樂家又言“劉向校書，得《樂記》二十三篇”，至小學類中則謂“臣復續揚雄作十三章”，然則《志》中後論與夫總論所言，爲其所加，不出劉氏之舊。吾於此嘆孟堅學識之大也。

一類中分子目例

　　《文選》一書，分別文體於一體之中，如賦有京都、郊祀，詩有補亡、述德，各分子目，使之以類相從，此選家之創例，後人因之是也。史家之《藝文志》，余嘗謂區立門類，在乎辨明家學；子目之分則近瑣碎，似不必也。往見一省志中，於史部傳記類分析名臣、名士諸目。以爲傳記昉自《隋志》。《隋志》凡忠臣、文士各傳，並不更立名目，則作志者，亦可悟其故矣。乃今觀班《志》則不然，班《志》於兵書則有權謀、形勢、陰陽、技巧，數術則有天文、曆譜、五行、蓍龜、雜占、形法，方伎則有醫經、經方、房中、神仙，若是此三略中未嘗不分子目。推斯例焉，其書足成一類，苟欲規畫疆界，雖立子目以分析之，可矣。

分類不盡立子目例

　　《漢志》詩賦一略，其別有五。雜賦、歌詩二類則標立子目，至《屈原》以下二十家、《陸賈》以下二十一家、《孫卿》以下二十五家，並不有所論説。初不知何以爲之區分。且其賦亡者甚多，亦無以考其剖析之故。吾謂此正班氏之不規規於盡立子目也。試再以《文選》言之，《文選》於賦體中，若京都、郊祀，且不必論，其他《幽通》《思玄》，則稱之曰“志”，《高唐》《神女》則稱之曰“情”，可謂其細已甚矣。豈作爲藝文而可同其繁碎乎？即如列傳一體，文苑、逸民，後史屢有增益，而班氏無之，可見撰史者，不在紛立名目已也。此三家之賦，在當日各爲分類，班氏必能辨別體裁。其不復如雜賦、歌詩再立子目者，以爲門類既分，《唐勒》諸賦自從《屈原》而出，《枚皋》諸賦自從《陸賈》而出，《秦時雜賦》諸賦自從《孫卿》而出。吾但使之類聚相處，子目固無容設立也。不然，雜賦之中，禽獸六畜昆蟲賦、器械草木賦，將亦如《文選》之物色鳥獸，重爲編目乎？是則非復史書，將成文集，必爲知幾所誚矣。夫何可哉？要之，藝文一志，其於子目也，可分則分之，若不知學問之流別，而強爲分合之，則非慎言之道也。盧文弨《補宋藝文志》以名、法諸家總附雜家，此當分不分，實失之。

分別標題例

　　鄭樵《通志·藝文略》於每一類中皆分別標題。以易類言之，如古易、石經、章句、傳、注、集注、義疏、論説、類例、譜、考正、數、圖、音、讖緯、擬易，分立十六目，[①]可謂不厭精詳矣。其實《漢志》早有此例。試觀《六藝略》中，易家“《易經》十二篇”“《易傳周氏》二篇”“《古五子》十八篇”“《古雜》八十篇”“《章句》施、孟、梁邱氏各二篇”。曰經、曰傳、曰古、曰古雜、曰章句，均分別標題之法也。蓋如此，則治《易》學者始知若者爲經、若者爲傳、若者爲古、若者爲古雜、若者爲章句。雖不必讀其書，即就標題觀之，而書之大體可瞭然心目矣。至禮家之《司馬法》則以“軍禮”二字標題於上，樂家之《趙氏》《師氏》《龍氏》則以“雅琴”二字標題於上，亦所以分別著明之也。其餘如春秋一家，於《古經》後先《左氏》《公羊》《穀梁》《鄒氏》《夾氏》五傳，次《左氏微》三種，次《虞氏微傳》，次《公羊外傳》三種，次《公羊章句》二種，次《公羊雜記》《公羊顏氏記》。其分別或傳、或微、或微傳、或外傳、或章句、或記者，則但使名類相從，不與標題同例矣。《通志》以標題列目録後，與《漢志》不同，然鄭氏之細心分別，雖爲子目，其法良可用也。

───────────

　　①　“十六”，原作“十二”，據實際類目數量改。文淵閣《四庫全書》本《經義考》卷二九六有：“鄭樵曰：《易》雖一書，而有十六種學。”

稱出入例

　　《論語》曰：“大德不逾閑，小德出入可也。”吾觀班氏《藝文志》，其於劉歆《七略》則頗有出入矣。書家云：“入劉向《稽疑》一篇。”禮家云：“入《司馬法》一家，百五十五篇。”樂家云：“出淮南、劉向等《琴頌》七篇。”小學家云：“入揚雄、杜林二家三篇。”儒家云：“入揚雄一家，三十八篇。”雜家云：“入兵法。”賦家云：“入揚雄八篇。”兵權謀家云：“出《司馬法》入禮也。”兵技巧家云：“入《蹴鞠》也。”而於每略總數後，又重言以申明之，在班氏亦可謂不憚煩矣。然班氏既有此例，可知依據他書而其編次未盡得宜者，不妨由我出入之。如《四庫提要》，豈不爲後來修史者作志之準則？顧其中《論語》《爾雅》不列爲經，名、墨、從橫爲諸子專家之業，則概入雜家。要不得不重加釐訂，何可拘守成法，而不爲之出彼入此，以求其變通盡利乎？

　　《隋志》云：“古者史官既司典籍，蓋有目錄以爲綱紀。”是目錄之學原本史官。則爲史官者，撰述藝文，自當使之綱舉目張，一出一入，權自我操。譬之馬遷《史記》，項羽入本紀，陳涉入世家，孟堅則俱出之，次之列傳之中。彼豈好事更張哉？蓋遷爲通史，《漢書》託始高祖，斷代爲編，使亦入之本紀、世家，直自亂其例矣。藝文志者，古人學術賴以彰明，不僅著書名目，幸而獲傳已也。若如《晏子》有墨氏明鬼諸説，因出之於儒家；<small>《郡齋讀書志》始以《晏子》入墨。</small>神仙本醫家之一種，乃入之於道家；<small>《唐書·藝文志》以《丹砂訣》等書列入道家。</small>則是派別不明，尚得謂之知言乎？故據《漢志》出入之例，凡目錄書中，區分門類，有未精當者，進退出入，可由我辨白而審定之也。

稱並時例

　　編藝文者，於其人所生時世，必爲詳考之。苟無可考，則付之闕疑可也。《漢志》於農家宰氏、尹都尉、趙氏、王氏四家注云"不知何世"，是其義也。下有專條別論。其間又有雖無可考，而取一人與之同時者爲之論定，則並時之例生焉。《漢志》道家《文子》云："與孔子並時。"《老萊子》云："與孔子同時。"名家《鄧析》云："與子產並時。"《成公生》云："與黃公等同時。"《惠子》云："與莊子同時。"賦家《宋玉》云："與唐勒並時，在屈原後。"《張子僑》云："與王褒同時也。"《莊忽奇》云："枚皋同時。"觀其所稱並時，或變文言同時，皆據世所共知者，以定著書之人。《孟子》曰："誦其詩讀其書，不知其人可乎？是以論其世也。"夫時世不明，則作者所言將無以窺其命意矣。故班氏稱並時者，實知人論世之資也。援此爲例，其人不見於紀載，書中序録或僅題甲子，無年月之可稽，吾謂詩文別集，可將集中投贈篇什擇其爲世稱述者，以著録之，如是則時代先後可得排比之法，而不相雜厠矣。

稱省例

　　《漢志》之於劉《略》，凡稱出入者，前篇已論之矣，其中又有稱"省"者，再爲條舉之。春秋家云："省《太史公》四篇。"兵權謀家云："省《伊尹》《太公》《管子》《孫卿子》《鶡冠子》《蘇子》《蒯通》《陸賈》《淮南王》三百五十九種。"兵技巧家云："省《墨子》，重。"則書爲劉氏兩載者，班氏從而省去之也。夫一人著述，扼其宗旨録之於此，復可録之於彼，是不妨重複互見。苟於全書之内，又足自成一類，更不妨裁篇別出。別裁互著説本會稽章實齋先生，下有兩篇專論之。蓋不如此，則學術流別無由發明。然則班氏何以省去之？吾嘗推求其故，殆以《伊尹》《太公》諸書已入專家之内，並有重見於他家者，不必過事分析乎。乃復注出"省"字者，可知孟堅之意，蓋欲使讀者知兵家之中雖不登其目，伊尹諸賢，其學實兼長於兵耳，否則竟删削之可也。則謂之爲"省"者，亦《漢志》之一例矣。惟《太史公書》本爲百三十篇，今於春秋家亦以是著録，所省者四篇，不言是何篇名，吾不敢強爲之説。然班氏編纂之例，又有稱"省"者，此不可不知者也。惟班氏衹憑劉《略》，故凡異同之處，若出入也、省也，皆須注明。後人編藝文，引書或多，則不必沿此例。

稱等例

　　書有撰著之人，不可枚舉，及載入《藝文》則衹署一二人姓名，而其餘皆從略者，蓋事必有主，牽連並書則不勝其繁矣。然一書也，或出同時所修，或爲數人所作，僅錄主名，此外則一切掩没之，於心何安？惟以"等"字該之，則辭尚體要，後之人亦可博訪周咨，不致有文辭不少概見之患，吾觀後世目錄家，多用此例。今《漢志》於賦家云《黄門倡車忠等歌詩》十三篇，①則有開必先，實肇自班氏矣。

---

　　①　"十三"，《二十五史補編》本同，清乾隆武英殿刻本（以下簡稱"殿本"）《漢書·藝文志》作"十五"。

稱各例

　　一人之書，其卷數相等者，分言之，則嫌其繁重，合言之，則又恐不能清晰，其道如何？曰當加一"各"字以識別之。《書録解題》詩集類中於《施注東坡集》下云："《年譜》《目録》各一卷。"是蓋權衡於分合之間，而得易簡之理也。《漢志》易家"《章句》施、孟、梁邱氏各二篇"，書家"《大》《小夏侯章句》各二十九卷"，然則陳氏其本此爲例乎？

稱所加例

　　班《志》道家"《太公》二百三十七篇"注云："或有近世又以爲太公術者所增加也。"小説家《鬻子》十九篇注云：[①]"後世所加。"則書爲後人加入者，必標明之，蓋可知矣。惟此類至多，固不可殫述。吾今取《唐書·藝文志》證之。正史類高峻《高氏小史》一百二十卷，其下則云："初六十卷，其子迥釐益之。"據是以觀，非即循《漢志》之例乎？不特此也。一人著作，當時付之刊刻，不能無遺漏，且有自經刪削者，其後或友朋爲之廣事搜羅，或子孫爲之重行緝補，較已行傳世之本，卷數、篇數增多於前，使非言某某所加，其啓後學之疑焉必矣。是亦當詳細辨析者也，雖班氏於《太公》《鬻子》兩家，不云原書若干篇，於所加者亦不復分別篇名，然志藝文者，通其義例，庶幾界畫井然乎！

---

① "鬻子"，《二十五史補編》本同，殿本《漢書·藝文志》作"鬻子説"。

稱所續例

《史通》云："《史記》所書，年止孝武，太初以後，闕而不録。其後劉向、向子歆及諸好事者，若馮商、衛衡、揚雄、史岑、梁審、肆仁、晋馮、段肅、金丹、馮衍、韋融、蕭奮、劉恂等相次撰述。"若是，續《史記》者，不僅馮商一人。今見《漢志》者，但載《馮商所續太史公》七篇而已。雖然馮商以外書均散佚，吾姑不具論。觀孟堅特用"所續"二字，則志藝文者，苟其書係後人賡續爲之，亦當遵從此例矣。夫續補之書，如《隋志》史部司馬彪《續漢書》、檀道鸞《續晋陽秋》、臧榮緒《續洞紀》以及吳筠《續齊諧記》、王曼穎《補續冥祥記》、傅亮《續文章志》，此則各自爲篇，與前書並列，固可覽録而知之。若同在一書，其中或篇或卷，不出一人撰著，據班《志》例，不當言某某所續乎？蓋著録之法，理所當然者也。《唐志》史詔令類《高宗後修實録》三十卷注云："初令狐德棻撰，止乾封，劉知幾、吳兢續成。"非謂此《實録》者，乾封以下出於劉、吳所續乎？若如《宋書·藝文志》衹列二人姓名，而稱之爲撰，則所以續令狐之故，莫由知之矣。是故，書有作之於前與續之於後，不可不叙述者也。

書有別名稱一曰例

古人著書，有兩人相同者，如桓譚《新論》、華譚《新論》，揚雄《太玄經》、楊泉《太玄經》是。又有一人撰述，而其名轉異者。若爲藝文作志，不記其別稱，則如鄭樵《通志》既有《班昭集》，復有《曹大家集》，將一書而誤作兩書矣。《漢志》於儒家《王孫子》云："一曰《巧心》。"可知書有別名者，應稱一曰某某也。夫書名歧出，或其人自爲更定，而後人不知，從其最初者而言；抑或原書名目經後人之補緝，因而易其舊稱，世多有之。此而不用班氏"一曰"之例，豈不令人滋疑乎？《隋志》史部霸史類《趙書》十卷注云："一曰《二石集》。"《唐志》史部譜牒類柳芳《永泰新譜》二十卷注云："一作《皇室新譜》。"子部小説類劉餗《傳記》三卷注云："一作《國史異纂》。"然則《漢志》之稱"一曰"者，其史家之通例與？且考之《唐志》，殷系《英藩可録事》則言："一作張萬賢撰。"桑欽《水經》則言："一作郭璞撰。"是作者姓名所聞異辭，亦當由"一曰"之例而推廣之也。

此書與彼書同稱相似例

　　一書有一書之宗旨，彼此必不相同，往往有共引一事而用意各別者，此古人所以有專家之學也，然亦有相似者，何以言其然？徵之《漢志》而可見矣。《漢志》於道家《黄帝君臣》云："起六國時，與《老子》相似。"雜家《子晚子》云："齊人，好議兵，與《司馬法》相似。"則此兩書者，班氏不明言其相似乎？夫老子爲道家之祖，其原出於黄帝，故後世並稱之曰"黄老"。今《黄帝君臣》雖不傳，有老子《道德經》在，其宗旨自可概見。若《子晚子》者，書亦散佚久矣，然《司馬法》者，古之軍禮也，以《司馬法》之爲軍禮，則《子晚子》之宗旨必亦詳於軍禮明矣。且雜家之中，若《伍子胥》，若《尉繚》，若《吴子》，皆互見兵家。"子晚子"者，以"子墨子"證之，蓋兵家大師也。列之雜家者，以其學術博通，而所長則在兵耳。由是以觀，此書與彼書宗旨相似，編藝文者，不可不表出之。蓋一經表出，而後讀其書者，較易領悟也。

尊師承例

　　《法言》曰："誦讀者，各習其師。"劉歆《移太常博士書》亦言"是末師而非傳記"，豈惡學者墨守師説，蔽所見聞，而不能旁通博采乎？

　　然漢儒傳經，最重師承，班氏蓋審知之，不特儒林一傳叙經學之授受，以見《詩》《禮》諸家俱有師法也。即於列傳中，凡其人師事某某亦必記載之。今觀《藝文志》，如易家《蔡公》云："事周王孫。"禮家《記》百三十一篇云："七十子後學者所記也。"《王史氏》云："七十子後學者。"儒家《曾子》云："孔子弟子。"《宓子》云："孔子弟子。"《景子》云："説宓子語，似其弟子。"《世子》云："七十子之弟子。"《李克》云："子夏弟子。"《公孫尼子》云："七十子之弟子。"《孟子》云："子思弟子。"道家則於《文子》《蜎子》皆云："老子弟子。"墨家則於《隨巢子》《胡非子》皆云："墨翟弟子。"於此知孟堅撰述此志，蓋尊崇師承之至矣。後之志藝文者，於其人學有師承，不當注之曰"爲某氏弟子"乎？誠以史家目録，須明乎學術源流，固不徒專司簿籍已也。嘗考之《書録解題》，而得其證焉。易類《易證墜簡》，范諤昌撰，"世言劉牧之學出於諤昌，諤昌之學亦出种放"。又《周易言象外傳》王洙原叔撰，其序言："學《易》於處士趙期。"又《易解》，皇甫泌撰，"其學得於常山抱犢山人，而莆陽游中傳之"。又《太極傳》，晁説之以道撰，"其學本之邵康節"。又《皇極經世》，邵雍堯夫撰，"其學出於李之才挺之，之才受之穆修伯長，修受之种放明逸，放受之陈摶"。又《沙隨易章句》，程迥可久撰，"嘗從玉泉喻樗子才學"。即以此一類言之，如陳氏者，非猶知師承之可貴乎？

重家學例

古人爲學以世，其家往往父子相傳，至其後而術業益精者。即就史學言之，司馬遷之《史記》，李延壽之《南》《北史》，非皆繼承先志乎？孟堅之爲《漢書》，亦猶是也。《藝文志》中樂家《雅琴師氏》云："傳言師曠後。"論語家《魯王駿説》云："王吉子。"儒家《漆雕子》云："仲尼弟子漆雕啓後。"《芊子》云："七十子之後。"賦家《車郎張豐賦》云："張子僑子。"或言後或言子，必叙述之者，所以敦重家學也。夫史家於列傳之中，詳著其家世。藝文志者，爲學術之所關，其人親稟家學，又可闕而不書乎？後人於編訂時，應用其例曰某氏後、某氏子。如是，則學有本原，而其書益足重也。《讀書志》云："《周易開元關》，唐蘇鶚撰，自序云：'五代祖晋，官至吏部侍郎，學兼天人，嘗著《八卦論》，爲世所傳，遭亂遺墜，而編簡尚有存者，乃略演其旨於此。'"又"《東坡易傳》，蘇軾子瞻撰，自言其學出於其父洵"。此雖僅舉易類言，晁氏之於家學，固亦未敢忽略者也。

書有傳例

　　撰著之人，目錄家考其里居、職官與生平之行事，所以爲讀者計，使之備知顛末也。史家則異是，於有傳者但書“有列傳”而已。《漢志》儒家如《晏子》《孟子》《孫卿子》《魯仲連子》，道家如《管子》，法家如《商君》，從橫家如《蘇子》《張子》，賦家如《屈原》，兵家如《吳起》《魏公子》，皆注之曰：“有列傳。”可知人有專傳者，僅以此三字標明於下。治其書者自可參證於列傳，吾不必一再言之也。雖然，就《諸子》一略而論，其中陸賈、劉敬諸賢，以《漢書》觀之，各有本傳，今乃或詳或略者，何也？曰師古注云：“有列傳者，謂《太史公書》。”若是，晏子各家，但以傳載《史記》，故注明之乎？吾謂不盡然也。蓋遷史有傳者，尚大書特書，陸賈諸人載在本書，文可從省，非以無傳而略之也。如以不書有傳而謂之爲略，老、莊、申、韓，《史記》有列傳矣，今於《老子》《莊子》《申子》《韓子》亦不備書，此豈班氏之略乎？《孟子》曰：“故説《詩》者，不以文害辭，不以辭害志，以意逆志，是爲得之。”是故，讀古人書，貴乎我之能以意會也。儻不知觸類引伸，凡義見於此，而可通於彼者，必無冥悟之時矣。或曰其無傳者若何？曰無傳者則詳其出處可也。且吾於此又知藝文一志，與列傳有相資爲用之道也，何則？史傳之中，於其人所作何書，不皆臚列篇末乎？乃録其名目，或不明其所以作書之意者，殆以記事、記言，史有二體，傳爲記事，志則惟以記言與？然志雖記言，儻於人之事實，均從蓋闕，誠非知人論世之義。故有傳者則必書出之，不第執簡以御繁，並寓左右逢原之理也。後世史不專家，設官分任，《隋志》而下，遂不循此例，嗚呼，豈不悖哉！

書爲後人編定者可並載例

《漢志》春秋家《國語》二十一篇，其下並載《新國語》五十四篇，注云："劉向分《國語》。"書雖不可見，是《新國語》者，爲劉向分析篇目、重行編定之書可知矣。

往嘗見藏書家目録，凡宋、元善本其名相同者，往往備載無遺。以爲此特矜其搜羅之宏富耳，史家則無取乎是。其後又見《提要》載黄宗羲《剡源文鈔》謂："戴表元《剡源文集》原本三十卷，至今尚存。"修一朝之史，志在文獻，若如黄氏選録之篇，亦兼收並列，不免失之冗蔓。乃今觀班氏以《新國語》一種即厠《國語》之後，然後知書爲後人編定，要可與原書並載者也。

書名與篇數可從後人所定著錄例

昔劉向校書中秘，凡書之名目，皆爲其更定，《別錄》云："所校讎中《易傳淮南九師道訓》，除複重，定著十二篇，淮南王聘善爲《易》者九人，從之采獲，故中書著曰《淮南九師書》。"見王應麟《漢藝文志考證》一。是《漢志》之易家《淮南道訓》本名《淮南九師書》，由向所定也。又《戰國策書錄》云："中書本號或曰《國策》，或曰《國事》，或曰《短長》，或曰《事語》，或曰《長書》，或曰《修書》，臣向以爲戰國時游士輔所用之國，爲之筴謀，宜爲《戰國策》。"是《漢志》之春秋家《戰國策》亦由向所定也。抑不惟書名爲然，以言篇數，何獨不然？不觀《晏子春秋》乎？其《書錄》云："所校中書《晏子》十一篇，臣向謹與長社尉臣參校讎，太史書五篇，臣向書一篇，參書十三篇，凡中外書三十篇，爲八百三十八章，除複重二十二篇六百三十八章，定著八篇二百一十五章。"則《漢志》儒家之《晏子》八篇，其篇數爲向所定也。且其下復云："其書六篇，皆忠諫其君，文章可觀，義理可法，皆合六經之義。又有複重，文辭頗異。不敢遺失，復列以爲一篇。又有頗不合經術，似非晏子言，疑後世辯士所爲者，故亦不敢失，復以爲一篇。"若是六篇以外，其兩篇者，一則以文辭頗異，一則以不合經術，退置於下，則排比前後，亦由向所定也。今班書著錄，直書之曰《淮南道訓》《戰國策》《晏子》八篇，可見書名與篇數，志藝文者，可從後人所定著錄矣。

夫書有原名不如此，經後人改定者，此類甚多。並古書散亡，後人搜集成編，如秦漢以降歷朝著作，近儒均有從他書輯出者。如馬國翰《玉函山房》等書。余向謂原書卷數載之史志及諸家目録書，應從其前，輯本則不足爲據，今依《漢志》例，是書名、篇數著録之法，實不妨用後人編定登目者也，且四庫館臣，從《永樂大典》綴茸諸書於篇卷之中，其先後次第，惟取以類相從，不必盡見舊籍。以《晏子》末二篇例之，志藝文者即奉爲定本也可。

學派不同者可並列一類例

余治諸子學久矣，見諸子中不但百家異術，即一家之內，其流派亦不同。如孟、荀，儒家也；孟子法先王，荀子法後王；孟子言性善，荀子言性惡，非不同之一證乎？《呂氏春秋》曰："老耽貴柔……關尹貴清，子列子貴虛。"若老、若關、若列，皆道家也，而不同又若此。其他申子、商君同爲法家，乃一則言法，一則言術。《韓非子·定法》篇："申不害言法，公孫鞅言術。"①蘇秦、張儀同爲從橫家，乃一則爲從，一則爲橫。劉向《戰國策書錄》："蘇秦爲從，張儀爲橫。"非又爲道之不同乎？《易》曰："天下同歸而殊塗，一致而百慮。"誠以凡爲學者，固自有其派別也。今觀之班《志》，孟、荀則並列儒家，老、關、列子則並列道家，申、商則並列法家，蘇、張則並列從橫家，可知如班《志》例，學派不同者，要可並列一類也。

雖然，彼諸家之學派，苟非深於丙簿者，且不知其有異同也，吾請舉其顯然者明之，班史於儒家《虞邱說》云："難孫卿也。"夫孫卿爲大儒，虞卿不應詰難之，既知其說，惟以詰難孫卿矣，仍復入之儒家者，是知一類之中，學派雖不同，不妨並列也，後世爲理學者有程朱、陸王兩派，陸王之徒往往雜以禪學，然不可謂非儒家也，若屏之儒家以外，豈不顛乎？明朱得之作《宵練匣》提倡心學，此爲陽明支派，《提要》入之雜家，未爲得當。夫以儒家流裔而不列儒家，然則王弼注《易》，空言義理，將不得與治漢學者同列易類耶？甚矣，其陋也。

---

① 此處疑有誤。文淵閣《四庫全書》本《韓非子·定法》篇云："申不害言術，而公孫鞅爲法。"

書無撰人定名可言似例

　　書有撰人者，則直署其姓名，若無撰人定名，而知其必出於某，非他人所能爲者，以《漢志》考之，則有言似之一例也，其言似者有二。儒家《河間周制》十八篇注曰：“似河間獻王所述也。”陰陽家《五曹官制》五篇注曰：“漢制，似賈誼所條。”此二書，今已不傳。然獻王好儒，嘗與毛生等共采《周官》及諸子言樂事者，以作《樂記》，見《六藝略》樂類。則是明於周制者也。若賈誼者，本傳謂：誼以爲宜改正朔，易服色制度，定官名，興禮樂，迺草具其儀法，色上黃，數用五，爲官名，悉更奏之。則官名用“五”，誼曾擬議及此矣。今謂之爲“似”，知孟堅雖不定爲撰人，實諦審而後乃敢言也。後之志藝文者，於其書無撰人姓氏，苟能細辨文字，以意窺測之，則亦可言似某氏所作矣。《書録解題》：《金國志》一卷，不著名氏，曰“似節略張棣書”。雖爲用不同，而其言似則一也。

書中篇章須注明例

　　《漢志》書家"《尚書古文經》四十六卷,爲五十七篇"。論語家"《論語古》二十一篇,出孔子壁中,兩《子張》",又"《齊》二十二篇,多《問王》《知道》"。孝經家"《孝經古孔氏》一篇,二十二章",又"《孝經》一篇,十八章"。小學家:"《蒼頡》一篇。上七章,秦丞相李斯作;《爰歷》六章,車府令趙高作;《博學》七章,太史令胡母敬作。"儒家"《公孫固》一篇,十八章",又"《羊子》四篇,百章"。觀其於書中篇章,皆爲注明者。不但如《公孫固》《羊子》兩家其章數可稽;於《尚書》,則有篇卷多寡之分;《論語》《孝經》則又有今古文之不同;至《蒼頡》一篇中,都凡二十章,又爲三人所作。使非有以注明之,讀其書者,不生疑慮,必茫然莫解其故矣。是故志藝文者,於一書爲若干篇、若干章,及同一刻本此與彼異者,均須詳注以闡明之。又有一人文集,其中分立名目,或爲家居作,或爲在官作,或爲紀行作,亦當援《蒼頡》篇例注明於其下,如是則眉目清矣。子貢曰:"不得其門而入,不見宗廟之美、百官之富。"目錄家言非示人門徑之書哉?

書有圖者須注出例

古人之爲學也，圖、書並重。蓋書者，衹載文辭，有文辭所不能達者，並藉圖以爲之標識，然後乃能瞭如指掌也。《漢志·兵書》一略，於權謀之《吳孫子兵法》《齊孫子》，形勢之《楚兵法》《孫軫》《王孫》《魏公子》，陰陽之《黃帝》《風后》《鵜冶子》《鬼容區》《別成子望軍氣》，技巧之《鮑子兵法》《伍子胥》《苗子》，皆云圖若干卷。是書之有圖者，班氏均爲注出之。夫圖之爲用，若天之星辰，地之山川以及宮室、輿服，草木、蟲魚，使其無圖，必將恍惚迷離，雖文辭亦不克渙然理解矣。昔鄭樵作《通志》，於藝文以外，別創圖譜略，蓋深知圖之足重也。後史編輯藝文，凡其書有圖者，須記其卷數，注之曰若干卷；即或散入篇中，亦必以其爲圖之數而載出之。夫圖、書，固交資爲功也。

一書爲數人作者其姓名並署例

目録家於作者姓名，必記載之，其稱某某等者，如《漢志》“車忠等歌詩”是已。說已見前。其間復有數人所作而姓名得並署者，觀小學家之《蒼頡》一篇可知。《蒼頡》下注云：“上七章，秦丞相李斯作；《爰歷》六章，車府令趙高作；《博學》七章，太史令胡母敬作。”則是此一書者，兼署三人姓名矣。雖然，吾有一説焉。郡縣志與國史異，何則？郡縣志中凡兩人共撰之書，則當考其里貫，以生於他邦者附著於後，非過爲此疆彼界，示人以不廣也。蓋名從主人，斷限不可不嚴耳。否則，如以吾吳地志乘，而一書之中與彼都人士牽連並署，斯直爲例不純矣。若國史者，一民尺土俱在覆載之内，則一書而爲數人作者，依班《志》例，其姓名則並署之，所謂理各有當也。

一人之書得連舉不分類例

　　叢書之名，始於唐陸龜蒙，如《笠澤叢書》是。其後一人著述彙成一編，因亦有叢書之目。實則班《志》儒家"劉向所序六十七篇""揚雄所序三十八篇"，雖無叢書之稱，已具叢書之體也。何以明其然哉？劉向之《新序》《説苑》，史部古史類也；《世説》者，子部小説類也；《列女傳》者，史部傳記類也。揚雄之《太玄》，子部術數類也；《法言》，子部儒家類也；《樂》則不入經部樂類，當入子部藝術類；《箴》則集部總集類也。今班氏於劉向但注云："《新序》《説苑》《世説》《列女傳頌圖》也。"於揚雄但注云："《太玄》十九，《法言》十三，《樂》四，《箴》二。"雖《漢志》無史、集兩部，而子部又不立藝術，然總題之曰"所序"，是一人之書得連舉不分類，其爲叢書無疑矣。

　　夫班氏作此志，其分類也，以書不以人。如鄧析造《竹刑》，而其書則惟綜覈名實，仍入名家是。觀於此，則似又以人爲定矣。蓋向、雄兩家，俱儒家也。若然，後之爲儒者，可援其例列之於儒家，某書某書但剖別種類，次於其人之下，不必再歸他部者也。

別裁例

　　《中庸》者，今《禮記》之一篇，《漢志》於禮家載《中庸說》二篇。《孔子三朝記》者，今《大戴禮》之一篇，《漢志》"《孔子三朝》七篇"，則載之於論語家。《弟子職》者爲管子作，今即在其書中，《漢志》以此一篇於孝經家又載之。是皆裁篇別出之例也。

　　其他道家之《孫子》，兵陰陽家之《孟子》，當亦由《吳孫子兵法》八十二篇、《孟子》七篇中別裁而著錄之乎？未可知也。觀於此，則書有單行本者，不必以既錄全書於此，而彼一類中遂闕其目；又或一人著述已入集部，名其書曰"某某全集"，乃其中一種爲彼專門之學，並可摘出別行，次諸他部之內，不嫌其割裂也。如《隋志》以《孔叢子·小爾雅》別附《論語》。《文獻通考》以《大戴記·夏小正》別入時令，非其例乎？是故證之班《志》，編薤藝文，吾又得別裁之法矣。

互著例

　　《漢志·兵書略》云："省十家二百七十一篇,重。"蓋如《伊尹》《太公》諸書,本重列兵家,今爲班氏省去之。或謂自班氏删併劉《略》,後人遂不知有互著之法,其説是矣。要亦不盡然也,今考之班《志》,儒家有《景子》《公孫尼子》《孟子》,而雜家亦有《公孫尼》,兵家亦有《景子》《孟子》。道家有《伊尹》《鬻子》《力牧》《孫子》,而小説家亦有《伊尹》《鬻子》,兵家亦有《力牧》《孫子》。法家有《李子》《商君》,而兵家亦有《李子》《公孫鞅》。從横家有《龐煖》,而兵家亦有《龐煖》。雜家有《伍子胥》《尉繚》《吴子》,而兵家亦有《伍子胥》《尉繚》《吴起》。小説家有《師曠》,而兵家亦有《師曠》。此其重複互見。班氏雖於六略中,以其分析太甚或有稱省者,_{説見前。}然於諸家之學術兼通,仍不廢互著之例。若是編藝文者,苟知一人所著書可互載他類,則宜率而行之矣。夫書之貴互著,猶列傳之貴互見也。《史記》以子貢入《仲尼弟子》,於《貨殖傳》中則又列其名。不可心知其意乎? 要之,《藝文》一志,苟不達互著之例,凡書可兩通者,將有舉此遺彼之患,夫何可哉。

引古人稱説以見重例

《禮·中庸記》曰："上焉者，雖善，無徵，無徵不信，不信民弗從。"《漢志》於儒家《晏子》云："孔子稱善與人交。"道家《列子》《公子牟》云："莊子稱之。"又《鄭長者》云："韓子稱之。"陰陽家《將鉅子》云："南公稱之。"法家《慎子》云："申、韓稱之。"小説家《宋子》云："孫卿道宋子，其言黃、老意。"是班氏蓋恐無徵不信，故引古人稱説並以見此書之足重也。夫著書者之爲人與所以立言之意，得他人爲之稱説，既可考見生平，並讀其書亦易以窺其宗旨。否則如晏子之善與人交，宋子之其言黃、老意，使無孔子、孫卿稱説，將何以知之乎？由是觀之，載録書目，凡其自序及同時後世之人，苟有序跋，皆可舉要以注於下，若全録序跋原文，而不知删要之意，則非是。即不然，其人平日爲學，群籍中或有稱説，實與所作書無涉，亦得徵引以爲評論。蓋如此，則書益見重也。

引或説以存疑例

　　《論語》：“子曰：‘多聞闕疑。’”許叔重《説文》序則曰：“聞疑載疑。”可知義有可疑者，應存其説而並載之也。班《志》儒家《周史六弢》云：“惠、襄之間，或曰顯王時，或曰孔子問焉。”雜家《孔甲盤盂》云：“黃帝之史，或曰夏帝孔甲。似皆非。”皆引或者之説，而不敢論定者，蓋所以存疑也。嘗讀《韓非子》矣，其《儲説》篇中，述春秋時事，每引或曰云云。至《史記》之中，《老子列傳》“或曰儋即老子，或曰非也，世莫知其然否”，《孟荀列傳》“墨翟，宋之大夫，善守禦，爲節用，或曰並孔子時，或曰在其後”，是異説兩存，自古然矣。雖然，著書之體，不貴在有斷制乎？使備列諸家之説，而我不爲之決疑焉，後人將無所適從矣。不知所聞異辭，苟非敬謹書之，以供來學之探討，不免師心自用矣。傳曰：“與其過而廢之，毋寧過而存之。”孟堅之引或説以存疑，正其慎之至也。世之志藝文者，如於其人姓字里居以暨書名異同，當守存疑之例，烏可胸馳臆斷也哉？

其書後出言依託例

　　古人學術以口耳相授受，不盡著之竹帛，至周末而其書始出，非取以欺世盜名也，蓋攻其業者，據所聞以筆之於書耳。《漢志》道家《文子》云："老子弟子，與孔子並時，而稱周平王問，似依託者也。"又《力牧》云："六國時所作，託之力牧。"農家《神農》云："六國時，諸子疾時怠於農業，道耕農事，託之神農。"小說家《師曠》云："見《春秋》，其言淺薄，本與此同，似因託也。"又《天乙》云："天乙謂湯，其言非殷時，皆依託也。"又《黃帝說》云："迂誕依託。"兵家《封胡》《風后》《力牧》《鬼容區》則皆云："黃帝臣，依託。"觀其明言依託，不直斥之爲僞者，以上世初無著述，此晚出之書，乃後人所依託者也，然必辨明之者，何哉？史家目錄原不徒分別部居，使之不相雜廁而已。諸家之書，爲後世依託，使默然不言，不將疑其真出於文子諸賢乎？且於《師曠》，則但曰"淺薄"，《黃帝說》則但曰"迂誕"，止加此一二字，不復反覆討論者，又可見史家之尚簡。尚簡之說出《史通》。而於是非得失，所以別爲後論也。雖然，自漢以降，若《連山》《三墳》，書之僞造者多矣。以此例推之，凡經僞造者，尤必辨明之也。

不知作者例

　　《論語・子路》篇："子曰：'君子於其所不知，蓋闕如也。'"誠以强不知爲知，則必有穿鑿附會之弊。目録家於書無作者姓名，往往闕之，所見甚正，而其例則實自《漢志》創之。《漢志》儒家如《内業》《讕言》《功議》及《儒家言》四種，道家如《道家言》，陰陽家如《衛侯官》《雜陰陽》，法家如《燕十事》《法家言》，雜家如《雜家言》。皆注云："不知作者。"即是闕所不知之義也。或謂其中《内業》一篇，載《管子書》，當爲管仲作；《讕言》者，據師古注，當爲孔穿作，恐未必然，何也？《内業》果出管仲，《讕言》果出孔穿，班氏時代較近，見聞極博，豈不能詳著之？今曰"不知作者"，必以此二書並未有撰人也。嗚呼，何後人之不善闕疑乎？

不知何世例

　　夫釐訂藝文，亦綦難矣。一類之中，即排比先後，苟於其人所生何世無從考覈，必至混然殽亂矣。昔聖人有言"知之爲知之，不知爲不知"，則有所不知亦勢之莫可如何者也，故《漢志》於莫可如何之中，既立一並時之例。說見前。其於農家《宰氏》《尹都尉》《趙氏》《王氏》則直云"不知何世"而已矣。亦有明知其朝代而無由決定者，如儒家之《周史六弢》，班氏云："惠、襄之閒，或曰顯王時，或曰孔子問焉。"則備引異說，用以存疑。墨家之《尹佚》，班氏云："周臣，在成、康時也。"則又兼稱兩朝以渾言之。凡此皆可見考古之難也。

　　至農家之《董安國》，班氏始云"漢代内史"，是知其爲漢世官也，繼之曰"不知何帝時"，然則知其世矣，或不知當時帝號，亦無以編年矣。或曰：目録家於此將若何而部次之？曰：凡所不知者，附録每類之後，倘已確知爲某朝人則附列某朝之末可也。《書録解題》於《周易口訣義》云"河南史之證撰，不詳何代人"，蓋即本《漢志》爲例，以其書載唐陸希聲下，宋范諤昌上，爲之說曰"三朝史志有其書，非唐則五代人"，是陳氏參稽前志，故取以厠唐末。其法亦良可從也。

傳言例

　　《漢志》稱"傳言"者凡兩見，其一《雅琴師氏》云："傳言師曠後。"蓋謂師曠以知音聞，此師中者，能傳其家學也。其一雜家《大禹》云："傳言禹所作，其文似後世語。"則謂文非夏禹所造，其書名《大禹》者，乃是傳言如是也。吾觀古書中有相傳爲某氏作，不能不據以著錄，而其實可疑者多矣，試舉《讀書志》證之。易類《易乾鑿度》云："舊題蒼頡修古籀文。"《坤鑿度》云："題包羲氏先文，軒轅氏演，古籀文，蒼頡修。"《卜子夏易》云："舊題卜子夏傳。"春秋類《帝王曆紀譜》云："題曰秦相荀卿撰。"此數書者，或稱舊題，或省文爲題，即《漢志》傳言之例也。至於小學類《爾雅》云："世傳《釋詁》，周公書也，仲尼、子夏、叔孫通、梁文增補之。"其曰"世傳"者，則尤彰明較著矣。此僅就經部言，外三部尚多。

記書中起訖例

傳曰：“物有本末，事有始終。”嘗謂志藝文者，於書中起訖亦當記之，及讀《隋志》而見其記載甚詳，知史家目錄固於此深致意焉。其於史部正史，《東觀漢記》云：“起光武記注至靈帝。”虞預《晉書》云：“訖明帝。”《晉中興書》云：“起東晉。”《通史》云：“起三皇訖梁。”《陳書》云：“訖宣帝。”古史《漢晉陽秋》云：“訖愍帝。”鄧粲《晉紀》云：“訖明帝。”孫盛《晉陽秋》云：“訖哀帝。”雜史韋昭《洞紀》云：“記庖羲已來，至漢建安二十七年。”《帝王世紀》云：“起三皇，盡漢魏。”《十五代略》云：“起庖羲至晉。”《周載》云：“略記前代，下至秦。”則於一書中，起訖可謂備哉言之矣。乃今觀班《志》，《世本》云：“古史官記黃帝以來迄春秋時諸侯大夫。”然則孟堅創例於前，修《隋書》者遂踵而行之耳。

前後叙次不拘例

　　編藝文者，於其人時代前後，自當叙次秩然，不可紛亂者
也。余嘗以《漢志》墨家之中隨巢、胡非皆墨翟弟子，至《我子》
爲墨子之學，又後於隨巢二家。今偏以《墨子》居末者，必其書
晚出，故不列於前耳。其他道家之《老萊子》在《田子》之後，《鄭
長者》在《郎中嬰齊》之後，陰陽家之《鄒奭子》在《張蒼》之後，名
家之《毛公》在《黃公》之後，雜家之《吳子》《公孫尼》在《荊軻論》
之後，或出傳寫之誤，班氏原書當不至此。及今觀之，有以知前
後叙次，班氏不甚拘拘於是也。何以洞其然？於道家《列子》
《公子牟》云："先莊子。"而莊子則在前。於陰陽家《閭邱子》云：
"在南公前。"又《將鉅子》云："先南公。"而《南公》轉在前。於法
家《慎子》云："先申、韓。"而《申子》亦在前。夫既知《列子》諸家
而曰"先莊子""先南公""先申韓"矣，則《莊子》等書，應附於後，
乃反列其前者，將孟堅之亂次以濟乎？非也。蓋班氏表章家
學，苟其書或爲儒，或爲道，或爲名、墨、陰陽，或爲從橫、小説，
入乎其中，無一乖迕，則叙次前後，原不必拘也。雖然，此可爲
知者道，難與俗人言也。後世目録家，自不必用其例，然不可執此以議班氏。

一人事略先後不復注例

　　著書之法，敘事欲其詳，然使他處已載，而此複重見，則轉嫌復出，又失之繁矣。《漢書》於列傳中，往往有"語見某篇"者，所以刪除繁複也。乃今於《藝文志》，不特其人有傳者，但書"有列傳"三字而已，_{説詳《書有傳例》}。至於一人事略既注於先，而其後則亦從簡也。請徵之《諸子》一略，儒家《景子》云："説宓子語，似其弟子。"《公孫尼子》云："七十子之弟子。"《孟子》云："名軻，鄒人，子思弟子。"於雜家之《公孫尼》，兵家之《景子》《孟子》不再注。道家《伊尹》云："湯相。"《鬻子》云："名熊，爲周師，自文王以下問焉，周封爲楚祖。"《孫子》云："六國時。"於小説家之《伊尹》《鬻子》，兵家之《孫子》不再注。名家《李子》云：[①]"名悝，相魏文侯，富國強兵。"於兵家之《李子》不再注。從橫家《龐煖》云："爲燕將。"於兵家之《龐煖》不再注。雜家《伍子胥》云："名員，春秋時爲吳將，忠直遇讒死。"《尉繚》云："六國時。"於兵家之《伍子胥》《尉繚》不再注。豈非《漢志》體例，先後之間其事略無有複注者乎？或曰：小説家之《師曠》既云"見《春秋》"，而於兵家復云"晉平公臣"，將爲其變例與？曰：此亦非也。小説中六篇，班氏稱"其言淺薄，似因託也"，殆以書非曠作，故特於兵家注之，且所謂"見《春秋》"者，實以明曠爲春秋時人，今乃其假託者耳。若《力牧》之或稱"黃帝相"，或稱"黃帝臣"，先後似用複注者，然其書均出依託，遂不憚一再辨正之。何嘗稍亂其例哉？《四庫提要》凡其人撰述，録入前篇者，其下則曰"某有某書已著録"。雖亦得參證互觀之意，其與史家目録則異矣。

---

　　①　"名"，《二十五史補編》本同，殿本《漢書·藝文志》作"法"。

書缺標注例

書有原本若干卷，流傳至今，中有缺佚者，則必注明之。《漢志》春秋家《太史公》百三十篇注云："十篇有録無書。"無書者，張晏注所謂"十篇遷歿後亡失"是也，是班氏以十篇已缺，特標注之矣。又小學家《史籀》十五篇注云："周宣王太史作大篆十五篇，建武時亡六篇矣。"則史籀之書雖仍以十五篇著録，其六篇既缺，亦爲標注之也。吾觀《隋志》，嘗用其例矣，試舉易類言之，"《周易》二卷，魏文侯卜子夏傳，殘缺，梁六卷"，"《周易》八卷，漢曲臺長孟喜章句，殘缺，梁十卷"，"《周易》四卷，晋儒林從事黄穎注，梁有十卷，今殘缺"，"《周易》三卷，晋驃騎將軍王廙注，殘缺，梁有十卷"，"《周易》八卷，晋著作郎張璠注，殘缺，梁有十卷"。其於書之殘缺，必一一注出者，正以見今本所存，實異於舊本耳。雖然，此但記書中篇卷之殘缺，而與後世目録家分注存佚者不同。何也？夫書之存佚，欲以一人見聞強爲剖別，設佚者尚存，豈非自行讅陋，轉不如不注之爲愈乎？且《隋志》總序中謂"今考見存，分爲四部"，於每一類後，如樂家云："今録其見書，以補樂章之闕。"讖緯云："今録其見存，列於六經之下，以備異説。"吾亦不必悉數之，顧其時稱"見存"者，蓋據中秘書而言也。以中秘之見存，故凡梁有而今無者，乃名之爲"亡"，若局於一隅，而或則曰"存"或則曰"佚"，恐失之臆決而不足爲典要也。近見省志以下均注存佚，吾未敢謂然。即如班氏之志藝文也，鄭樵譏其"見名不見書"，亦豈然哉？其序云："以備篇籍。"夫謂之"備"者，則是六略之書當時無不全備也。王應麟作《考證》，於《漢志》未載者，補《連山》《歸藏》等書，都二十六種。其間若《星傳》《夏氏日月傳》皆天文志所引，《五紀論》則律曆志述之。明明有其書，不爲之登目，吾意此必内府未備者耳。不然，豈不可如書家之劉向《稽疑》，小學家之揚雄、杜林重爲增入乎？由是觀之，書之存佚，不必注矣。顔之推有言“觀天下書未遍，不得妄下雌黄”，其説良可取法。蓋所當標注者，亦唯於缺篇、缺卷加之意耳。春秋家《夾氏傳》注云：“有録無書。”亦謂其目録尚存，非記亡書也。

人名易混者加注例

　　人之姓名相同者，自古以來不可枚舉，昔梁元帝作《同姓名錄》，蓋有此專書，使後人易於考訂也。《漢志》於儒家《平原君》注云："朱建也。"是人名易混者，編理藝文須爲加注，否則，平原君者，在戰國則有趙勝，使不加以注，將爲趙勝乎？抑爲朱建乎？莫能識別矣。《唐志》僧彥琮《大唐京寺錄》注："隋有二彥琮。"又《宋藝文志補》方岳《深雪偶談》一卷："字元善，天台人，與歙秋崖別一人。"殆深恐人名易於混淆，故從班氏加注之例乎？然則史志皆然，其可忽哉！

書名上署職官例

　　後世目録家於一書之後，先列其姓名，次及其里貫，以暨官終何職，亦幾相沿成習矣。據《漢志》，則於書名上有署職官者，如儒家《太常參侯孔臧》十篇、《鉤盾冗從李步昌》八篇，道家《郎中嬰齊》十二篇，從橫家《秦零陵令信》一篇、《待詔金馬聊蒼》三篇，雜家《博士臣賢對》一篇，小說家《待詔臣饒心術》二十五篇、《待詔臣安成未央術》一篇，此僅録《諸子略》。則班氏於編次之中，又一條例之可考者也。

自著書不列入例

　　昔蕭氏《文選》中不録何遜文字，識者謂其以並世也，體例可謂嚴矣。後人搜緝總集，往往生存人著作概不登載，亦其宜矣。乃吾觀於志乘，則不能無説也。嘗見《畿輔通志》，凡同時人有題詠者，皆散入山川古迹中，較之名爲藝文而藉充卷軸者，豈不彼善於此？然而非也。近又見一寺觀小志，將己所造述與友朋詩篇盡行載入，吾不知作志者欲以記寺觀之故實乎？抑取聲氣以爲標榜計乎？是直未達前史之例，徒爲好事已耳。《漢志》小學家序論云：“臣復續揚雄作十三章。”所謂“臣”者，韋昭注云“班固自謂也”。考《隋志》，固所作者爲《太甲》《在昔》兩篇，今其書小學類無之。若是，撰藝文志者，於自著書籍不當列入也，信矣。

書名省稱例

《呂氏春秋》之爲《呂覽》，《白虎通德論》之爲《白虎通》，以書名煩重，因而省稱之，後人知其故，亦無有致疑者也。然吾讀《書錄解題》矣，直齋之於《晏子》也，則振振有辭矣，其言曰："《晏子春秋》十二卷，齊大夫平仲晏嬰撰。《漢志》八篇，但曰《晏子》；《隋》《唐》七卷，始號《晏子春秋》。今卷數不同，未知果本書否。"蓋疑《漢志》省稱《晏子》，不加"春秋"之目，遂以今本《晏子春秋》以爲非原書矣。不知《晏子春秋》者，《史記·管晏傳贊》有之，班氏特出省稱耳。以陳氏之博，乃不能取徵《史記》，何其疏也？且《漢志》之省稱者多矣，如賈山《至言》則省稱《賈山》，賈誼《新書》則省稱《賈誼》，《崩通》本名《雋永》則省稱《崩通》，《淮南王》本名《鴻烈解》則省稱《淮南王》，其他屈原之賦，不名《離騷》乎，今則又省稱《屈原賦》，諸如此類，亡者不必言。若《新書》《離騷》《鴻烈解》亦將疑其爲假託耶？吾故揭省稱之例，以告後之讀《漢志》者。

篇卷並列例

　　許叔重云："著之竹帛謂之書。"考"竹"者，篇也，"帛"者，卷也。是篇、卷有分別矣。《漢志》中，或以篇計，或以卷計，其於《尚書古文經》四十六卷，注云："爲五十七篇。"則以卷長篇短，故有此異同耳。要之，班氏此志，篇卷固並列者也。後世之書有以册名者，有以帙名者，或有以種爲數者。至元人《説郛》，甚有從道書稱弓者。理董藝文，但如題予之類，無須顯然畫一者也，蓋著錄之法，貴明乎源流得失，豈徒於此等處斤斤致辨也哉。

用總結例

　　《漢志》於每一類後，必書若干家、若干篇，如“凡易十三家，二百九十四篇”是，其云“凡六藝一百三家，三千一百二十三篇”者，則是計《六藝》一略之總數也，至其篇末云“大凡書六略三十八種，五百九十六家，萬三千二百六十九卷”，蓋又取全志之家數、卷數而爲總結之矣。雖其中詳細核算或有不相符合者。師古注云：“每略所條家及篇數，有與總凡不同者。傳寫脱誤，年代久遠，無以詳知。”此則在唐已然，莫可考矣。然其用總結之法，觀《隋》《唐》各志，亦既相習成例者也。惟宋《崇文總目》移書於前，則其體稍變耳。雖然，吾讀《呂氏春秋》，而知班氏亦有所本也。《呂氏春秋》云“右爲十二紀，凡六十篇，又序意一篇”“右爲八覽凡六十篇”“右爲六論，凡三十六篇”，則總結之爲用，其由來遠矣。

跋

　　丙辰春，予自日本歸上海，卜居松江之側。閉户讀書，輒兼旬不出。所從談學問者，除一二老輩外，同輩惟錢唐張君孟劬，又從孟劬交元和孫君隘庵，二君所居，距予居不數百步，後遂時相過從。二君爲學皆得法於會稽章實齋先生，讀書綜大略，不爲章句破碎之學，孟劬有《史微》，隘庵有《諸子通考》，既藉甚學者間。丁巳秋，隘庵復出所撰《漢書藝文志舉例》，索予一言。

　　予謂君書精矣、密矣，其示後人以史法者備矣！所舉各例，本爲修史志、編目録者言，故不憚孅悉詳盡。其中“稱出入”“稱省”二例，乃洞見劉《略》與班《志》之異同，自來讀《漢志》者，均未頌言及此。竊嘆世之善讀書，殆未有過於君者也。顧曩讀《漢志》，有未達者數事，因感君書而輒陳之，以發疑起問，願與君及讀是書者共解之。

　　《漢志》本以中秘書目爲國史書目。中秘書有不入《漢志》者，如《六藝略》，《書》有《古文經》四十六卷，《禮》有《古經》五十六卷，《春秋》有《古經》十二篇，《論語》有《古》二十一篇，《孝經》有《古孔氏》一篇，皆冠於諸家經之首。惟《易》《詩》無古文經，然《志》言：“劉向以中《古文易經》校施、孟、梁邱經，或脱去‘無咎’‘悔亡’，惟費氏經與古文同。”是中書確有《古文易經》，而《志》僅録施、孟、梁邱三家《經》十二篇，與《書》《禮》《春秋》異例，此未達者一也。

　　又《别録》有與《漢志》歧出者。《志》稱劉向校書：“每一書已，輒條其篇目，録而奏之。”今世所傳《戰國策》《晏子》《荀子》《管子》《列子》各有劉向《録》一篇，《山海經》有劉歆《録》一篇，此外如《關尹子》《子華子》《於陵子》皆有向《録》,《鄧析子》有歆《録》,皆僞不數。① 所謂《別録》是也。其略出之目,乃謂之"略"。是《録》與《略》本不應有異,《荀卿書》,《録》云三十二篇,而《志》云三十三篇,此或字誤。至《山海經》,《録》云十八篇,而《志》僅十三篇,是非《録》與《略》異,則《録》與《志》異也。又王逸《楚辭章句》序云:"劉向典校經書,分《楚辭》爲十六卷。"舊本《楚辭》亦題"護左都水使者、光禄大夫臣劉向集,校書郎中臣王逸章句",此當亦王逸所題。逸去劉向未遠,其言當有所據。乃《志》不獨無《楚辭》,亦無景差、東方朔賦,《東方朔傳》具述劉向所録朔書,亦無《七諫》,此未達者二也。

　　君書舉"出入"及"省"二例,知班《志》於劉《略》頗有損益。其稱"入"者,如《司馬法》《蹴鞠》二書,不過出此入彼;至書家之劉向《稽疑》一篇,小學家之揚雄、杜林三篇,儒家之揚雄所序三十八篇,賦家之揚雄八篇,皆班氏所新入也。然班氏所見《七略》未録之書,固不止此。如律曆志之劉歆《鍾曆書》《三統曆》,天文志之《甘氏經》《石氏經》《夏氏日月傳》《星傳》,五行志之劉歆《洪範五行傳》,皆班氏修書時所據者也。叔孫通《漢儀》十二篇,又班氏所親上者也。既有新入之例,而或入或不入,其取捨之故如何? 此未達者三也。

　　此三事,久蓄於心,故舉以質君,以自附於起予助我之列。以君之善於讀書,必有以發千載之覆者。雖然,君書固爲修史志、編目録者言,而疑義相析,或亦君所樂許也。不揣弇陋,遂以書君書之後云。海寧王國維。

---

　　① "皆僞不數",《二十五史補編》本作"僞皆不數"。

漢書藝文志舉例（書評）

雁晴　評　李學玲　整理

底本：《國立武漢大學文哲季刊》，第 1 卷第 1 號，
1930 年 4 月

整理者按：

雁晴，即李笠（1894—1962），“雁晴”爲其字，浙江瑞安人，文獻學家、語言文字學家。著有《史記訂補》《定本墨子閒詁校補》等書。

本書序前有題跋云：“《漢書藝文志舉例》，不分卷，孫德謙著。德謙字隘堪，元和人。民國七年據書名題簽旁識年月。四益宧刊。商務印務館代售，在《隘堪叢書》中。”

　　歸納古書的義例，是一種很切實的饒有科學興趣的研究。《漢書・藝文志》是劉歆《七略》的化身，是最早目録著作僅存的碩果，將它分析分析，總可給目録學家一點幫助。況《漢志》的"裁篇""出入"諸例，向來是膾炙人口的，現在把它推廣而引伸之，更容易引起人們的興趣。所以孫隘堪先生的《漢書藝文志舉例》，比較尋常書籍的釋例或舉例，要高出頭地的。

　　可是舉例的工作，雖不能説要盡得古人的心意，亦須要到"古人雖不必有此意，以此釋之亦不爲誣妄古人"的境界。所以"穿鑿""附會""牽強""偏頗"……都是古書舉例的戒條。孫氏的書，舉例有四十六條之多，但大部分是犯着戒律的。所以他的目標雖對，他的工作，實在還距離得很遠呢！現在把孫例的疵病歸納起來，約下列諸種。

（A）矛盾例

　　孫書最大的弊病，就是偏見：見了一種樣子，便立一個例；見了一個反證，又立一個例；雖自知二例不相容，迂曲解釋，終不可通。

　　如第六條爲"一類中分子目例"，第七條又爲"分類不盡立子目例"。假定"不盡立子目"的條例成立，則第六例的"中分子目"亦自然是"不盡"，其原例便無形取消了。孫氏於第六例説："苟欲規畫疆界，雖立子目以分析之可矣。"於第七條説："吾但使之類聚相處，子目固無容設立也。"又第八條"分別標題例"云："蓋如此，則治《易》學者始知若者爲經，若者爲傳……"豈治《易》的人，不標題，就不能辨經傳；治詩賦的人，不用子目亦能得其類別麼？抑人們對於詩賦的知識，總會比六藝高超的麼？蓋立例既已矛盾，議論亦就自然的自相牴牾了。

（B）偏執例

　　矛盾是就雙方立例的，偏執則只就一方立例。矛盾例容易露出破綻，所以其例尚少；偏執例容易蒙混，所以就甚多了。如第三條"一書下挈大旨例"，除易家《古五子》、春秋家《世本》等書外，便非下挈大旨者。第三十七條"記書中起訖例"，除《世本》外，如《春秋》《國語》《國策》，皆未記書中起訖。第二十七條"一書爲數人作者，姓名並署例"，除小學家《蒼頡》外，無第二處可以比證。《史記》稱"孟子與萬章之徒序《詩》《書》，述仲尼之意，作《孟子》七篇"，則《孟子》亦是數人合作之書，何以儒家《孟子》目下，不將數人姓名並署乎？且此言數人合作之書，必須並署姓名；而第十一例"稱等例"云"書有撰著之人不可枚舉，及載入《藝文》，則祇署一、二人姓名，而其餘皆從略者，蓋事必有主，牽連並書，則不勝其繁矣"。孫氏此言，適足自破其說，惜乎孫氏偏見一隅，未自覺耳。

（C）歧訛例

　　第二十三條"學派不同者，可並列一類例"云："如孟、荀儒家也，孟子法先王，荀子法後王；孟子言性善，荀子言性惡；非不同之一證乎？《呂氏春秋》曰：'老聃貴柔，關尹貴清，子列子貴虛。'若老、若關、若列，皆道家也，而不同又若此。其他申子、商君，同爲法家，乃一則言法，一則言術；蘇秦、張儀，同爲從橫家，乃一則爲從，一則爲橫；非又爲道之不同乎……是知一類之中，學派雖不同，不妨並列也。"今案，"類"有階級性，前人謂之綱目。如"諸子"爲第一級類名，"儒家"則爲第二級類名，儒家的"性善""性惡"派別，便可爲第三級類名。然亦不能過於苛細：第一，須問儒家的著作，可否依着"性"字做分析的標準？第二，須問關於"性善"或"性惡"的書，有無同類可以歸納？苟以書的內容稍有不同，便爲析別，則著作各有其個別性，決沒有一書列一子目的道理。孫氏不說明標準，而漫云"學派不同，不妨並列"，未免顢頇。又此是標列子目與否的問題，並非排列的問題，例的名稱，亦未合。第二十八條"前後叙次不拘例"云："於道家《列子》《公子牟》云'先莊子'，而《莊子》則在前……蓋班氏表章家學，苟其書或爲儒，或爲道，或爲名、墨、陰陽，或爲從橫、小說，入乎其中，無一乖迕，則序次前後，原不拘也。"

　　今案，孫氏此言甚謬。"爲儒爲道"，是分類問題；依時代之先後而叙次，是排列問題；後者爲前問題範圍中的一種整理，豈可併作一談？孫氏于二十三條既以類的分析問題，誤認排列問題；此又以排列問題，誤混分類問題；界線不明，以致釋義與例名鑿枘不相入。這種歧訛的地方，不辨清楚，一切議論，決無是處。

（D）游移例

　　例以確切爲主，而孫例頗有游移不定者：如第三十條"互著例"云："儒家有《景子》《公孫尼子》《孟子》；而雜家亦有《公孫尼》，兵家亦有《景子》《孟子》。道家有《伊尹》《鬻子》《力牧》《孫子》；而小説家亦有《伊尹》《鬻子》，兵家亦有《力牧》《孫子》……"今案，儒家《景子》三篇，兵家則有十三篇；儒家《公孫尼子》二十八篇，雜家則僅一篇；儒家《孟子》十一篇，兵家則僅一篇；其餘諸書，雖名稱彼此相同，篇數亦各互異。即認此少數篇卷爲彼多數篇卷中之一部分，而彼多數的篇卷，是保持原書狀況的呢？抑是删去一部分的呢？這是無可查考的。假定後説可信，這互著就只有形式，實際是裁篇了。這是游移的第一點。古人著書多不另起書名，即以著者之名爲名，現在所舉互著的書，大率屬於此類。

　　試想書名既就是人名，則一人有數種著作，便是同一書名。蓋著作之名縱同，篇卷之數總不會全同的，所以尚有區別的地方。上舉互著之書，篇卷之數亦各不同，是一書呢？還是一人所著之二種著作呢？假定後者可信，更不是互著了。這是游移的第二點。

　　儒家的景子，旁注云："似宓子弟子"；兵家的景子，或以爲景陽；見《楚策》。儒家的公孫尼子，是七十子弟子；雜家的公孫尼則不稱子，又或以爲漢人；見楊樹達《漢書補注補正》一。儒家的孟子，就是孟軻；兵家的孟子，或以爲是猛子。依此説來，則互著的各書，究竟是一人的著作與否亦不可知。這是游移的第三點。

　　《漢書》兵書略末云："省十家二百七十一篇，重。"班氏在兵書中既刪去重見之書，則自己已不承認有互著的例；假定他"省重"的辦法能夠徹底，便沒有互著存在之可能。這是游移的第四點。

更有進者，六略的撰成，不出一手，劉向校諸子，任宏校兵書，也許彼此不相謀，無意的重收入目，則《七略》的互見，其關於"諸子""兵書""術數""方伎"四略者，就不是一種體裁了。孫氏謂"學術兼通，仍不廢互著之例"，恐是今人的意思。這是游移的第五點。

（E）冗贅例

　　本來不須立例的，而強爲立例，則非但無益，反有"剜肉爲瘡"的弊病。班《志》之抄襲《七略》，《志》序中已經自認，原爲不成問題的事。而孫書第一條"所據書不用條注例"，稱班《志》不用條注之得體云："班氏若因所據《七略》，逐條加注，斯實類書、輯佚書矣，勒成信史以垂不刊之盛典，奚取乎？"試問班《志》若加條注，則每條之下，皆注"七略"二字，成什麼話？故此無用條注之可能，盡人明白，何須立例？班氏於改易《七略》之處，俱注明：如"出""入""省"等皆是，正爲所據書不能用條注，因施於反面，適得簡賅之法。孫氏亦自知其説之不可通，因引《隋志》爲例曰："《隋志》序云：'遠引馬《史》、班《書》，近觀王、阮《志》《録》。'今考各書下，或間注阮孝緒《七録》，既非爲本書而注，若王儉《今書七志》諸目，皆未之見也。豈非《隋志》所據書，種類雖多，其不用條注，一如班《志》乎？"今案，此言甚謬。《志》序所云"遠覽馬《史》、班《書》，近觀王、阮《志》《録》"，不一定引其文字或書目，也許是參考它，他的學術源流之序述和類例體裁之因革，否則馬《史》本無藝文志，安所引其目乎？《隋志》的撰録，原以當時書庫爲主，序云"今考見存分爲四部"便是明徵，條注的話，是根本用不着的。

　　以上五項，是就例義説的。試就"例名"和"例證"説，復可舉出如次。

（F）名誤例

　　名誤可分爲二種：（一）例名的性質舛錯，此就比較而言的。（二）例名不可通，此就例的本身說的。茲分述如下：

　　（一）第九條"稱出入例"，第十條"稱並時例"，第十一條"稱省例"，第十二條"稱等例"，第十三條"稱各例"，第十四條"稱所加例"，觀其例名，其所謂"稱"者，像是一個標準的。而察其實際，則第九與第十一是班固改易劉《略》門類的附注，第十是著作人時代的一種附注，第十四是對於書籍內容的一種附注；而第十二之"稱等"，第十三之"稱各"，則是正目的一種簡寫筆法，並非附注，烏可混雜？且"稱等""稱各"，或出劉《略》，與班氏自注所云稱者，又非出於一人矣。

　　（二）春秋家《馮商所續太史公》七篇，本係書名，孫氏乃名之曰"稱所續例"，與附注內容之"稱所加例"並列，如何說得去呢？蓋孫氏誤以馮氏所續即雜《史公》書中，故云："續補之書，如《隋志》史部司馬彪《續漢書》……各自爲篇，與前書並列，固可覽錄而知之；若同在一書，其中或篇或卷，不出一人撰著，據班《志》例不當言某某所續乎？"不知目錄之單位，以書本爲準，如《馮商》七篇併在史公書內，則不當單獨立目。觀小學類《蒼頡》一篇注云："上七章秦丞相李斯作，《爰歷》六章車府令趙高作，《博學》七章太史令胡毋敬作。"以三人所作之書，且有不同的書名，但因合在一編，便不爲之分析立目，則《馮商所續太史公》，非合編的性質可知。且韋昭注云"馮商受詔續《太史公》十餘篇，在班彪《別錄》"。則馮書不附《史記》，更得一證。孫氏臆說，謬誤顯然。馮書既單行，勢不能以"太史公"爲名，故"所續"二字，是書名亦無疑。以書名爲例名，較前面所舉的例名性質舛錯，尤爲謬戾。

（G）證乖例

　　舉證的失當有二：其一，所舉的證，與例不合，這叫做"失例"。其二，洽當之證，遺而不舉，這就叫做"失證"。如第四十四條"書名省稱例"云："賈山《至言》，則省稱《賈山》；賈誼《新書》，則省稱《賈誼》；《蒯通》本名《雋永》，則省稱《蒯通》；《淮南王》本名《鴻烈辭》，則省稱《淮南王》。其他屈原之賦，不名《離騷》乎？今則又省稱《屈原賦》……"今案，孫氏所舉之例，如蒯通書本名《雋永》，《志》以《蒯子》列目，此是易名，不是省名；"蒯子"與"雋永"俱是二字，沒有省不省的分別。班《志》的意思或者因爲縱橫家《蒯子》以下，俱是以人名爲書名的目，所以改從蒯子之名，令它相稱。《離騷》之稱《屈原賦》亦是易名例。否則《離騷》二字，《屈原賦》三字，雖名曰省稱，其實倒是繁稱呢。其他如賈山、賈誼等，留著作人名，省去書名，形式上雖似省稱，實際上稱賈山《至言》，則賈山是人名；省去"至言"二字，則"賈山"便變爲書名。故以質言，亦是易名。其例名"書名省稱"，應以書名作單位，純粹的"書名省稱"方合資格，今留人名去書名，書名既全去，無所謂省了。這是就"失例"而言的。考《六藝略》易家《淮南道訓》二篇，據《御覽》六百九引劉向《別錄》云："中書署曰《淮南九師書》。"又《初學記》引《別錄》云："所校讎中書傳《淮南九師道訓》。"是此書在中秘時名《九師書》，向校定後名"《九師道訓》"，《漢書》作"《道訓》"，省去"九師"二字，此正合書名省稱之例，孫氏反疏忽之。這是就"失證"而言的。

　　孫例之所以疵累重重，其原因雖不一而足，而最大的癥結，則在崇奉班氏太過，所以對班氏偶然的話，便認爲天經地義的律條；即明知班氏舛誤的地方，亦必爲之勉強文飾；結果就是自己上了當。

本來舉例的責任，只是把事實宣示於衆，事實之價值及是非，則另一問題，無預我事。何如孫氏完全誤會，以爲我們所舉的例，就是後世的榜樣。即如《七略》爲目錄專書，當較《漢志》爲詳，《漢志》刪要之例是對的。但刪去的部分，是否洽當，則又一問題，不能混爲一談。孫氏"刪要例"云："以《漢志》之刪《輯略》，則一切無關要義者竟削之可也。"《輯略》久已不存，孫氏怎麼知道是無關要義的呢？那麼班氏之刪，不一定説是對的。且後世的史家目錄，也不一定有藍本可以抄襲的；即有藍本，也不一定如《七略》與《漢志》之比；所以説班氏有刪要之例是可以的，以班之刪《輯略》，謂後世史志俱須依其花樣刪削一切，是不對的。又如班《志》是分類的目錄，不應該以一人所著的書連在一起，以自破其類例。儒家目列《揚雄所序》三十八篇内含《太玄》《法言》《樂》《箴》諸書，是班氏的疵病，鄭樵亦曾譏議其失。此類就不應立例；即爲立例，亦只能舉其事實，云"班志有以入類書例"。乃孫例第二十八條舉此例，定其名曰"一人之書得連舉不分類例"，孫氏蓋以班《志》可以如此，後人就也得如此。否則分類的目錄，怎麼圖書得不分類呢？這"得"字就是孫氏供獻班固的禮物，也就是自封其口的緘藤。

末了，對於《漢書藝文志舉例》的改造，應注意下列三事：

第一，各例須以類相從，屬於著作的，或屬於著作人的，或屬於分類問題的，各分部居，不相雜厠。最好細分綱目，互相維係。這是關於"形式"方面的。

第二，各例的名稱，務須明晰，不同的例，不宜有混淆的名稱；相同的例，名稱的標準不宜歧異。這是關於"名稱"方面的。

　　第三,有反證的非確實的不足重輕的……等非例之例,俱應刪去。這是關於"實質"方面的。

雁晴

十九年四月十日

漢志詩賦略廣疏

段淩臣　撰

李學玲　整理

底本:《河南大學學報》,第 1 卷第 1 期,1934 年 1 月

一、總説

　　《漢書・藝文志》，爲辨章學術考鏡源流者所必究，此學者所共知也。藝文《詩賦》一略，爲古代純文藝之總録，此又學者所共知也。《詩經》已列入六藝，故古人不以與純文藝等視。故吾人欲明古代文學之源流派別，及其盛衰消長之故，不可不於斯篇，加之意焉。班氏此篇，原有自注，惟僅詳作者名字時地，不及其他。顏師古所注，亦纔明文字音義，餘則闕而不説。宋王應麟著《漢書藝文志考證》，始措意於篇章存佚，清世沈欽韓《漢書疏證》、錢大昭《漢書辨疑》、周壽昌《漢書注校補》、王先謙《漢書補注》等，更踵伯厚，有所補益。近姚明輝、顧實復總集前人之言，折以己意，撰爲專書。姚著《漢書藝文志姚氏學》，顧著《漢書藝文志講疏》。故今日董理此篇，前人所指爲存者，鮮能增益，其所闕疑，亦鮮能自吾輩而釋也。惟尋班氏分藝文爲六略，每略又各別爲數種，每種始叙列爲諸家。每略各有總叙，每種各有分論，大綱細目，互相維係，法至善也，義至詳也。而《詩賦》一略，區爲五種。除總叙外，每種之後，更無分論。夫名類相同，而區種有別，當日必有其義例。今諸家詩賦，十逸八九；而叙論之説，闕焉無聞，此實著録之遺憾，獨有待於吾人之推求者也。參看章學誠《校讎通義》卷三《漢志詩賦第十五之一》。今綜輯舊説，略事整齊，參以鄙見，著爲斯編。於篇目之存亡，論語之疏説，分類區種之意，源委興替之故，皆略及之，共十五篇。其有罅漏訛誤，異日當糾補焉。

二、屈原以下二十家賦篇存亡考

屈原賦二十五篇　楚懷王大夫,有列傳。

舊說以《楚辭》中《離騷》一篇,《九歌》十一篇,《天問》一篇,《九章》九篇,《遠游》一篇,《卜居》一篇,《漁父》一篇,當二十五篇之數,惟綜覽屈原之作,例必有韵;其結體散文,亦與通常文字,迥殊其趣,而《漁父》一篇,用韵既少,且與通常文字無別,疑非屈原所作。考《史記‧屈原列傳》述原與漁父問答,直以事實載之。王逸亦謂"楚人思念屈原,因叙其辭",《楚辭章句‧漁父》篇。叙其非原作,曉然明白。又據《屈原列傳》贊云:"余讀《離騷》《天問》《招魂》《哀郢》,悲其志。"《招魂》明爲屈原所作,子長在叔師前,其言當甚可信。故定二十五篇之數,當去《漁父》增《招魂》也。近人或謂《九歌》爲屈原以前之作,余亦曾有此疑。然既無實證,將歸之何人? 必如朱熹所云:"昔楚南郢之邑,沅湘之間,其俗信鬼而好祀,其祀必使巫覡作樂,歌舞以娱神。蠻荆陋俗,詞既鄙俚;而其陰陽人鬼之間,又或不能無褻慢淫荒之雜,原既放逐,見而感之,故頗爲更定其詞,去其泰甚。"《楚辭集注‧九歌‧序》。似亦可通。然既經原更定,亦如原作無異矣。或又疑《九章》之中,亦有後人羼入者。此乃臆測之詞,不足深信。蓋《惜往日》等篇,昔人固以爲臨絶之音。身遭慘變,形神失常,其文"顛倒重覆,倔强疏鹵"。《楚辭集注‧九章‧序》。正足證其爲屈子之作也。

唐勒賦四篇　楚人。

《御覽》六百三十三引《宋玉賦》曰:"景差、唐勒等並造《大言賦》。"今亡。

宋玉賦十六篇　　楚人。與唐勒並時，在屈原後也。

《楚辭》有《九辯》十一篇。《文選》有《風賦》《高唐賦》《神女賦》《登徒子好色賦》四篇。《古文苑》有《大言賦》《小言賦》《釣賦》《笛賦》《諷賦》五篇。凡二十篇，多四篇。依朱熹定《九辯》爲九篇，猶多二篇，沈欽韓、嚴可均《全上古三代文》卷十。謂《笛賦》非宋玉作，則又多三篇或多一篇，張惠言以《古文苑》所載皆五代、宋人聚斂假託爲之，則又少一篇或少三篇。近人更有以《九辯》爲一篇者。或又謂《文選》《古文苑》所載，皆爲僞作；《九辯》中亦有後人羼入者，蓋不能明矣。

趙幽王賦一篇

《高五王傳》載幽王友《歌》一篇，用楚調，即此。

莊夫子賦二十四篇　　名忌，吳人。

今存《哀時命》一篇，見《楚辭》。

賈誼賦七篇

《楚辭》有《惜誓》一篇。《史記》《漢書》本傳載《弔屈原賦》《服賦》二篇。《古文苑》有《旱雲賦》《虡賦》殘。二篇。共五篇。

枚乘賦九篇

《文選》有《七發》一篇。《西京雜記》有《柳賦》一篇。《古文苑》有《梁王菟園賦》一篇。凡三篇。《文選》謝朓《休沐重還道中》詩注引《枚乘集》有《臨霸池遠訣賦》一目，辭已不傳。

司馬相如賦二十九篇

《史記》《漢書》本傳有《子虛賦》《上林賦》依《文選》所分。《哀秦二世賦》《大人賦》《封禪文》五篇。《文選》有《長門賦》一篇。《古文苑》有《美人賦》一篇。本集有《琴歌》二篇。《文選·魏都賦》注有《梨賦》，已殘缺。《北堂書鈔》百四十六有《菹魚賦》，《玉篇·石部》：《梓桐山賦》，辭已不傳。共十二篇。若增《難蜀父老》《喻巴蜀檄》《諫獵疏》三篇，則爲十五篇。不識劉、班所指,有此三篇否?

淮南王賦八十二篇

今存《屏風賦》一篇,見《古文苑》。《北堂書鈔》一百三十五、《御覽》七百十二引劉向《別錄》云:"淮南王有《熏籠賦》。"又樂家出淮南《琴頌》,亦當入此。辭並不傳。

淮南王群臣賦四十四篇

今存淮南小山《招隱士》一篇,見《楚詞》。章學誠曰:"《淮南王群臣賦》四十四篇……當隸雜賦條下。而猥厠專門之家,何所取耶?揆其所以附麗之故,則以《淮南王賦》列第一種,而以群臣之作,附於其下。所謂以人次也。"《校讎通義》卷三《漢志詩賦十五之四》。案,實齋謂以人次,信然。其謂當隸雜賦條下,似未足信。蓋四十四篇既係於淮南王,未可謂無專名。且其群臣當時亦未必無名字也。此與《孫卿賦》下之《長沙王群臣賦》三篇及《魏内史賦》二篇,實質相同。若謂爲後人所亂,不宜如是之多矣。

太常蓼侯孔臧賦二十篇①

僞《孔叢子》末附《連叢》載臧《諫格虎賦》《楊柳賦》《鴞賦》《蓼蟲賦》四篇。

陽丘侯劉隁賦十九篇

亡。

吾丘壽王賦十五篇

亡。

蔡甲賦一篇

亡。

上所自造賦二篇　顏師古注:"武帝也。"

---

① "侯",原作"候",據殿本《漢書·藝文志》改。

《外戚傳》有《傷悼李夫人賦》一篇。《文選》有《秋風辭》一篇。章學誠曰：“《上所自造賦》二篇，顏師古注‘武帝所作’。按劉向爲成帝時人，其去孝武之世遠矣。武帝著作，當稱孝武皇帝，乃使後人得以考定。今曰‘上所自造’，何其標目之不明與？臣工稱當代之君，則曰上也。否則摘文紀事，上文已署某宗某帝，承上文而言之，亦可稱爲上也。竊意上所自造四字，必武帝時人標目，劉向從而著之，不與審定稱謂，則談《七略》者，疑爲成帝賦矣。班氏錄以入《志》，則上又從班固所稱。若無師古之注，則讀志者又疑後漢肅宗所賦矣。”《校讎通義》卷三《漢志詩賦十五之五》。

兒寬賦二篇

亡。

光禄大夫張子僑賦三篇　與王褒同時也。

亡。

陽成侯劉德賦九篇

亡。

劉向賦三十三篇

《楚辭》有《九歎》九篇。《古文苑》有《請雨華山賦》一篇。《文選》，《蜀都賦》《歸田賦》《琴賦》《七命》；傅咸《贈何劭王濟詩》、謝靈運《七里瀨詩》、《古詩十九首》注及《初學記》十六並引《雅琴賦》；《文選·博弈論》注引《圍棋賦》；均殘缺。《高帝紀》載《劉高祖頌》，當亦在內。《全漢文》三十七嚴可均云：“案，劉向有《世頌》八篇。”又有《麟角杖賦》《芳松枕賦》，①辭並亡。樂家出《琴頌》，應入此。辭亦不傳。

———————

① “麟”上，民國十九年影印清光緒二十年黃岡王氏刻本《全上古三代秦漢三國六朝文·全漢文》有“騏”字。

王褒賦十六篇

《楚辭》有《九懷》九篇。《漢書》本傳《聖主得賢臣頌》一篇。《文選》有《洞簫賦》一篇。《古文苑》有《僮約》一篇。《初學記》十九有《責鬚髯奴辭》一篇。《古文苑》以爲黃香作。《文選·魏都賦》注、《藝文類聚》六十二引《甘泉宮頌》，《文選注》引作《甘泉賦》，疑賦乃頌之誤。《後漢書·西南夷傳》、《水經·淹水》注、《文選·廣絕交論》注引《碧雞頌》，辭並不全。若更加《文選·四字講德論》一篇，則適合十六篇之數。

右賦二十家，三百六十一篇

案《史記·屈原列傳》云：“屈原既死之後，楚有宋玉、唐勒、景差之徒者，皆好辭而以賦見稱。”《揚子法言·吾子》篇稱：“景差、唐勒、宋玉、枚乘之賦。”本書《古今人表》亦載景瑳之名。顏師古注：“瑳音子何反，即景差也。”班氏《離騷序》亦云：“自宋玉、唐勒、景差之徒，漢興，枚乘、司馬相如、劉向、楊雄聘極文辭。”今《楚辭·大招》一篇，即景差所作。此間不載景差之賦，不識何故？又按《楚辭》有東方朔《七諫》七篇。本傳載《上書自薦》《答客難》《諫除上林苑》《化民有道對》《非有先生論》五篇。又稱“其餘有《封泰山》《責和氏璧》及《皇太子生禖》《屏風》《殿上柏柱》《平樂觀賦獵》，八言、七言上下，《從公孫弘借車》”。又《北堂書鈔》百五十八引《嗟伯夷》，《文選·海賦》注引《對詔》，《藝文類聚》一百引《旱頌》，本傳及《藝文類聚》二十三、《御覽》四百五十九有《誡子》，《拾遺記》載《寶甕銘》，釋法琳《辨正論》載《隱真論》，《開元占經》載《東方朔占》，又有《答驃騎難》《與友人書》《全漢文》二十五。此雖非盡辭賦，辭賦固甚多矣。本《志》止雜家有《東方朔》二十篇，此間亦不見東方朔賦。又《孔叢子》謂孔臧“嘗爲賦二十四篇”。而此間所載，止二十篇。《孔叢》雖僞書，其言或有所據，未易斥爲誣妄。舉此數例，已足證劉、班多有漏略矣。

三、陸賈以下二十一家賦篇存亡考

陸賈賦三篇

　　賈有《孟春賦》，見《文心雕龍·才略》篇，辭則亡矣。

枚皋賦百二十篇

　　亡。

朱建賦二篇

　　亡。

常侍郎莊葱奇賦十一篇　　枚皋同時。

　　顏師古注：“從行至茂陵，詔造賦。”辭無傳者。

嚴助賦三十五篇

　　亡。

朱買臣賦三篇

　　亡。

宗正劉辟強賦八篇

　　亡。

司馬遷賦八篇

　　《藝文類聚》三十有《悲士不遇賦》一篇。

郎中臣嬰齊賦一篇

　　亡。

臣說賦九篇

　　亡。

臣吾賦十八篇

亡。

遼東太守蘇季賦一篇

亡。

蕭望之賦四篇

亡。

河內太守徐明賦三篇　字長君，東海人。元成世，歷五郡太守，有能名。

亡。

給事黃門侍郎李息賦九篇

亡。

淮南憲王賦二篇

亡。

楊雄賦十二篇

本傳有《甘泉賦》《河東賦》《校獵賦》《長楊賦》四篇。《後注》
云：“入楊雄八篇。”蓋《七略》所載止四賦也。本傳又載《反離
騷》一篇。又言：“又傍《離騷》作重一篇，名曰《廣騷》。又旁
《惜誦》以下至《懷沙》一卷，名曰《畔牢愁》。”《畔牢愁》當爲九篇。
辭已不傳。《古文苑》有《蜀都賦》《太玄賦》《逐貧賦》三篇；
《文選》陸倕《石闕銘》、謝朓《之宣城出新林渚詩》、陸機《君子
有所思行》、江淹《詣建平王上書》、陳琳《檄吳將校部曲文》、
蔡邕《郭有道碑文》注及《御覽》一皆引有《覈靈賦》，已殘缺。
又本書《游俠傳・陳遵傳》引《酒箴》一篇，他書或引作《酒
賦》，《御覽》七百五十八又七百六十一。或稱《都酒賦》。《北堂書鈔》一百四
十八。《說文・氏部》引楊雄賦：“響若氏隤。”則《解嘲》固賦類
也。更益以《解難》《趙充國頌》《劇秦美新》等篇，則溢出十二
篇之數。故雄賦辭雖有亡者，仍可足成十二篇也。

待詔馮商賦九篇

《藝文類聚》八十引劉向《別録》云："待詔馮商作《鐙賦》。"辭不可考。

博士弟子杜參賦二篇

亡。

車郎張豐賦三篇　張子僑子。

亡。

驃騎將軍史朱宇賦三篇

亡。

右賦二十一家，二百七十四篇　入楊雄八篇。

今計二十一家，二百七十五篇。家數符，多一篇。案《漢書·枚乘傳》稱枚皋賦："凡可讀者百二十篇，其尤謾戲不可讀者，尚數十篇。"據此則枚皋賦不止百二十篇，劉、班但就可讀者而言，是又有所漏略矣。又案本書《地理志》曰："始楚賢臣屈原被讒放流，作《離騷》諸賦以自傷悼，後有宋玉、唐勒之屬，慕而述之，皆以顯名。漢興，高祖王兄子濞於吳，招致天下之娱游子弟，枚乘、鄒陽、嚴夫子之徒，[①]興於文景之際。而淮南王安亦都壽春，招賓客著書，而吳有嚴助、朱買臣，貴顯漢朝，文辭並發，故世傳楚辭。"又《朱買臣傳》亦稱買臣善言楚辭。今考《地理志》所載屈原以下諸人，除鄒陽不見《詩賦略》外，案鄒陽有《酒賦》《几賦》，見《西京雜記》。宋玉、唐勒、枚乘、嚴夫子，即莊夫子，避明帝諱，改作嚴。並隸屈原賦下。似嚴助、朱買臣亦宜附於屈原：今置於陸賈賦下。當別有説矣。又楊雄賦多擬相如，其《反離騷》《廣騷》《畔牢愁》，尤與屈原相密邇，相如既與屈原同次，子雲自亦當次屈原下。今以隸陸賈後，可疑也。余別有説，見後。

---

① "之徒"，原作"徒之"，據殿本《漢書·地理志》乙正。

四、孫卿以下二十五家賦篇存亡考

孫卿賦十篇

荀子《賦》篇有《禮賦》《知賦》《雲賦》《蠶賦》《箴賦》五篇。又有《佹詩》一篇。凡六篇。楊倞《荀子·成相》篇注："《漢書·藝文志》謂之《成相雜辭》，蓋亦賦之流也。"王引之曰："楊謂'《漢書·藝文志》謂之成相雜辭'，案《志》所載《成相雜辭》，在漢人雜賦之末，非謂荀子之《成相》篇也。"案，《成相雜辭》非《荀子·成相》篇，王説甚是。然觀本《志》所載，則《成相》爲賦，斷可知矣。今考《荀子·成相》，審其辭義起訖，實可分爲五篇。自"請成相世之殃"至"不由者亂何疑爲"爲第一篇。自"凡成相辨法方"至"宗其賢良辨其殃孽"爲第二篇。自"請成相道聖王"至"道古賢聖基必長"爲第三篇。自"願陳辭"〔"願陳辭"上，疑脱"請成相"三字〕至"託於成相以喻意"爲第四篇。自"請成相言治方"至"後世法之成律貫"爲第五篇。合以《賦》篇所載，凡十一篇。《佹詩》既以詩名，當不在十篇之内也。

秦時雜賦九篇

《文心雕龍·詮賦》篇曰："秦世不文，頗有雜賦。"蓋即指此，其辭已不可考矣。

李思孝景皇帝頌十五篇

亡。

廣川惠王越賦五篇

亡。

長沙王群臣賦三篇

亡。

魏內史賦二篇

　　亡。

衛士令李忠賦二篇

　　亡。

張偃賦二篇

　　亡。

賈充賦四篇

　　亡。

張仁賦六篇

　　亡。

秦充賦二篇

　　亡。

李步昌賦二篇

　　亡。

侍郎謝多賦十篇

　　亡。

平陽公主舍人周長孺賦二篇

　　亡。

雒陽錡華賦九篇

　　亡。

眭弘賦一篇

　　亡。

別栩陽賦五篇

　　亡。

臣昌市賦六篇

　　亡。

臣義賦二篇

　　亡。

黃門書者假史王商賦十三篇

亡。

侍中徐博賦四篇

亡。

黃門書者王廣呂嘉賦五篇

亡。

漢中都尉丞華龍賦二篇

亡。

左馮翊史路恭賦八篇

亡。

右賦二十五家，百三十六篇

案《別栩陽賦》五篇，王應麟云："庾信《哀江南賦》'栩陽亭有離別之賦'，蓋亭名也。"沈濤曰："案，'別栩陽'當是姓別而封栩陽亭侯者。若以爲離別之別，則當列於雜賦家，而不列於賦家矣，《志》兵陰陽家有《別成子望軍氣》六篇，此人當即成子之後。古有別姓。《元和姓纂》引《姓苑》云：'京兆人。'"王先謙曰："前漢無亭侯之制，沈說非也。庾賦當有所本。"今考劉、班所録屈原、陸賈、孫卿三家之賦，皆有主名，此不應獨否，王應麟引《哀江南賦》，非。子山賦當別有所本。沈氏謂別當是姓，所見甚是，謂封栩陽亭侯，乃臆測之詞。其爲別成子之後與否，今不可知，惟別若果爲離別之別，則自當列入雜賦，不當係孫卿下也。王先謙謂前漢無亭侯，衹能明沈說封亭侯之非，不足證別非姓也。又《秦時雜賦》九篇，既以雜賦爲名，自當隸雜賦中。其爲劉、班自誤，抑爲後人所亂？不可考矣。章學誠知其不當"猥厠專門之家"，而又謂"列於《荀卿賦》後，《孝景皇帝頌》前，所謂以時次。"非也。《校讎通義》卷三《漢志詩賦十五之四》。

五、雜賦存亡考

客主賦十八篇
亡。

雜行出及頌德賦二十四篇
亡。

雜四夷及兵賦二十篇
亡。

雜中賢失意賦十二篇
亡。

雜思慕哀悲死賦十六篇
亡。

雜鼓琴劍戲賦十三篇
亡。

雜山陵水泡雲氣雨旱賦十六篇
亡。

雜禽獸六畜昆蟲賦十八篇
王應麟曰："劉向《別錄》有《行過江上弋雁賦》《行弋賦》《弋雌得雄賦》。"按，此等賦無主名，王氏以爲當屬此類，近是。惟其辭已不傳矣。

雜器械草木賦三十三篇
亡。

大雜賦三十四篇
亡。

成相雜辭十一篇

亡。

隱書十八篇

劉向《新序》："齊宣王發《隱書》而觀之。"當即此類。《文心雕龍·諧隱》篇云："隱者隱也。遁辭以隱意，譎譬以指事也。"隱語亦稱庾辭。《國語·晉語》范文子曰："有秦客庾辭於朝。"韋昭注："庾，隱也。謂以隱伏譎詭之言問於朝也，東方朔曰：'非敢詆之，乃與爲隱耳。'是也。"

右雜賦十二家，二百三十三篇

案，《古文苑》有董仲舒《士不遇賦》，似即此間《雜中賢失意賦》一類。中即忠字。《古文苑》又有董仲舒《山川頌》，似與《雜山陵水泡雲氣雨旱賦》爲一類。《西京雜記》有公孫詭《文鹿賦》，《古文苑》有路喬《如鶴賦》，似與《雜禽獸六畜昆蟲賦》爲一類。又《西京雜記》有中山王《文木賦》，《古文苑》有羊勝《屏風賦》、鄒陽《几賦》，似與《雜器械草木賦》爲一類。《西京雜記》有公孫乘《月賦》、鄒陽《酒賦》，不知當屬何類。《藝文類聚》八十九引淮南王《成相》篇，似與《成相雜辭》爲一類。《左傳·宣公十二年》還無社智井麥麴之談，《哀公十三年》申叔儀佩玉庾癸之喻，[①]《戰國策》齊人海大魚之說，《史記·楚世家》伍舉大鳥之問，《列女傳》載楚莊姬隱語，又錄臧文仲謬書，《史記·滑稽列傳》《漢書·東方朔傳》亦各存隱語數則，似即隱書之類，然劉、班所錄雜賦，皆無作者主名。而以上所舉，除海大魚外，皆有主名，故不能直指此等爲雜賦也。參看《文心雕龍·諧隱》篇。

---

① "癸"，原作"祭"，據清嘉慶二十年南昌府學重刊宋本《十三經注疏》本《春秋左傳正義》改。

六、歌詩存亡考

高祖歌詩二篇

《史記·高祖本紀》《漢書·高帝紀》有《大風歌》，《史記·留侯世家》《漢書·張良傳》《新序·善謀》篇有《鴻鵠歌》，即此二篇也。

泰一雜甘泉壽宮歌詩十四篇

宗廟歌詩五篇

以上二家，合十九篇。王先謙謂即《禮樂志·郊祀歌》十九章也。漢興以來兵所誅滅歌詩十四篇。王先謙曰："疑即漢鼓吹鐃歌諸曲也。"《宋書·樂志》所錄十八曲，多以舊題被新聲，蓋擬古樂府之祖。其中《戰城南》《遠如期》等，當這原歌詩。

出行巡狩及游歌詩十篇

王先謙曰："蓋武帝《瓠子》《盛唐樅陽》等歌。"漢鐃歌《上之回曲》，當亦在內。《御覽》五百九十二引《武帝集》云："奉車子侯暴病一日死，上甚悼之，乃自爲歌詩。"

臨江王及愁思節士歌詩四篇

亡。

李夫人及幸貴人歌詩三篇

《漢書·外戚傳》載李延年《北方佳人歌》及武帝《是邪非邪詩》，王子年《拾遺記》載武帝《落葉哀蟬曲》，或即此三篇也。

詔賜中山靖王子噲及孺子妾冰未央材人歌詩四篇

亡。

吳楚汝南歌詩十五篇

《史記·項羽本紀》裴駰《集解》引應劭曰："楚歌者，謂《雞鳴

歌》也。"郭茂倩《樂府詩集》有《雞鳴歌》，首云："東方欲明星
爛爛，汝南晨雞登壇喚。"案，汝南與楚地相連，故楚歌而言汝
南。由此可知吳楚汝南歌詩，次爲一家，非無義矣。郭氏引
《太康地記》曰："後漢固始、鮦陽、公安、細陽四縣衛士習此曲
於闕下歌之，今雞鳴歌是也。"此殆後漢襲用前漢歌辭，故《太
康地記》云然。蓋歌謠之辭，多本前代；故老相傳，不能指出
作者。今世各地謠諺，猶多如是：故不能謂《雞鳴》出東漢也。
又《文選》左思《吳都賦》云："荆艷楚舞。"劉淵林注："艷，楚
歌也。"據此，則今世所傳《艷歌》《艷歌行》等篇，或亦當在此
十五篇中矣。又豫章亦吳楚屬地，則《豫章行》亦吳楚歌詩
也。又《宋書‧樂志》曰："凡樂章古辭，今之存者，並漢世街
陌謠謳。《江南可采蓮》《烏生八九子》《白頭吟》之屬是也。"
《白頭吟》爲楚調曲名，江南亦吳楚屬地，《晉志》："吳歌雜曲，並出江
南。"此亦吳楚歌詩之可見者矣。

燕代謳雁門雲中隴西歌詩九篇

《宋志》有《雁門太守行》《歌洛陽令王渙》，蓋本有此曲，後漢
取其音節以祠王渙爾。沈欽韓說。又《樂府》有《隴西行》《隴頭
歌》等，當亦在此九篇中。

邯鄲河間歌詩四篇

沈欽韓曰："崔豹《古今注》：《陌上桑》，邯鄲女名羅敷作。疑
即其辭，《琴操》有《河間雜歌》二十一章。"

齊鄭歌詩四篇

案《古今注》謂《薤露》《蒿里》，本出田橫門人。橫自殺，門人
傷之，爲作悲歌二章。則《薤露》《蒿里》二篇，乃齊歌詩矣。

淮南歌詩四篇

《漢書‧淮南王傳》載《淮南民歌》一首。《樂府》有《淮南王
篇》或亦當在此四篇中也。

左馮翊秦歌詩三篇

或有存者，今不能確指何篇。

京兆尹秦歌詩五篇

本志《名家》有《黃公》四篇。注云："名疵，爲秦博士，作歌詩，在秦時歌詩中。"辭已亡矣。

河東蒲反歌詩一篇

或尚未亡，今不能定爲何篇。

黃門倡車忠等歌詩十五篇

《樂府》有《黃門倡歌俳歌辭》，當在十五篇中。

雜各有主名歌詩十篇

如項羽《垓下歌》、本書《項籍傳》。戚夫人《春歌》、《外戚傳》。韋孟《諷諫詩》《在鄒詩》、韋玄成《自責詩》《戒子孫詩》、《韋賢傳》。烏孫公主《悲愁歌》、《西域傳》。楊惲《拊缶詩》、《楊敞傳》。燕剌王旦《歌華容夫人歌》，《武五子傳》。當屬此類。案，漢世有《主名歌詩》，後人多疑其僞。此就《漢書》所載，略事檢舉，已足十篇之數。其餘如《李陵別歌》、《李廣傳》。朱虛侯章《耕田歌》《高五王傳》。等，當何屬耶？章學誠曰："《漢志》詳賦而略詩，豈其時尚使然與？帝王之作，有高祖《大風》《鴻鵠》之篇，無武帝《瓠子》《秋風》之什。自注："或云：《秋風》即在上所自造賦內。"臣工之作，有《黃門倡車忠等歌詩》，而無蘇李河梁之篇。"又自注云："或云：《雜各有主名詩》十篇，或有蘇李之作。然漢廷有主名詩，豈止十篇而已乎？"《校讎通義》卷三《漢志詩賦十五之九》。斯則不能明矣。

雜歌詩九篇

疑《樂府·雜曲歌辭》，當屬此類。

雒陽歌詩四篇

疑有存者，不能指出何篇。

河南周歌詩七篇

疑有存者，不能指出何篇。

河南周歌聲曲折七篇

亡。

周謠歌詩七十五篇

疑有存者，未能指出何篇。

周謠歌詩聲曲折七十五篇

亡。

諸神歌詩三篇

亡。

送迎靈頌歌詩三篇

亡。

周歌詩二篇

或有存者，不能指定何篇。

南郡歌詩五篇

或有存者，不能指定何篇。

右歌詩二十八家，三百一十四篇

今計二十八家三百十六篇，家數符，多二篇。

七、五言詩之起源

案《文心雕龍・明詩》篇曰："成帝品録三百餘篇，朝章國采，亦云周備；而辭人遺翰，不見五言。所以李陵、班婕好見疑於後代也。"今世論五言詩之起源者，多謂不始於西漢；或且假異土人之説，以助其武斷之論。《小説月報》第十七卷第五號有陳延傑譯日本鈴木虎雄《五言詩發生時期之疑問》一文，可參看。是不可不辨也。《文心雕龍・明詩》篇又曰："古詩佳麗，或稱枚叔，其《孤竹》一篇，則傅毅之辭。比采而推，兩漢之作乎？"《詩品序》曰："古詩眇邈，人世難詳。推其文體，固是炎漢之製，非衰周之倡也。"《文選・古詩十九首》李善注云："並云古詩，蓋不知作者。或云枚乘，疑不能明也，詩云：'驅車上東門。'又云：'游戲宛與雒。'此則辭兼東都，非盡是乘明矣。"尋劉、李二氏所言，是古有以古詩皆枚乘所作者。故劉特標"傅毅之辭"，李云"非盡是乘"。徐陵撰《玉台新咏》，以"青青河畔草""西北有高樓""涉江采芙蓉""庭中有奇樹""迢迢牽牛星""東城高且長""明月何皎皎""行行重行行"八首爲枚乘作。又有《蘭若生春陽》一首，亦云枚乘作。揆其用心，大抵因其餘句多與時序不合耳。然《玉台》所録八首，陸機全有擬作。惟"東城高且長"作"東城一何高"。統曰古詩，不云擬乘。昭明、仲偉，在孝穆前，或並稱古詩，或云"人世難詳"。彦和亦空抒疑詞，未敢直指。則徐氏所爲，當屬誣妄，未能取信於人也。惟案十九首《明月皎夜光》一詩，其稱節序，皆是太初未改曆以前之言。詩云"玉衡指孟冬"，而上云"促織鳴東壁"，下云"秋蟬鳴樹間，玄鳥逝安適"。是此孟冬，正夏正之孟秋，若在改曆以還，稱節序者，不應如是。然則此詩乃漢初之作矣。又《凜凜歲云暮》

一詩，言“螻蛄夕鳴悲，涼風率已厲。”據《禮記·月令》：“孟秋之月，涼風至。”螻蛄之鳴，正當秋日。而此云歲暮，是亦太初以前之辭也。又《東城高且長》一詩，言“四時更變化，歲暮一何速”，上云“秋草萋已綠”，下云“蟋蟀傷局促”。其時序亦與前二首同。是則五言詩源於西漢，班班可證。而後之學者，必欲明西漢無五言詩，乃於孟冬二字，或引《天官書》以爲曲說，張庚《古詩十九首解》。或不惜改冬爲秋，以就僻論。方廷珪《文選集成》。詳孟冬二字，唐時已然。故李善注云：“上云促織，下云秋蟬，明是漢之孟冬，非夏之孟冬矣。《漢書》曰：高祖十月至霸上，故以十月爲歲首。漢之孟冬，今之七月矣。”李君博學多識，時號書簏。使古本有作秋字者，定能明其舛誤，何必特爲此說。吾人生千載後，無所據而逞臆改字，得不爲古人所非笑乎，況十九首中，用漢初時序者，非止一首。此詩冬字可改，餘二首將改何字？自非妄人，不出此矣。

　　蓋嘗論之，五言之作，在西漢則歌謠樂府爲多。而辭人文士，方尚辭賦，猶未肯相率模效。如《漢書》所載《紫宮謠》，《太平御覽》五百七十引《漢書》曰：“李延年善歌，帝幸之。時人語曰：‘一雌復一雄。雙飛入紫宮。’”沈欽韓謂：“今《漢書》中無是語，當亦漢雜事之類。”案，《御覽》此卷此條前引《史記》數條，其下引《漢書·禮樂志》《張釋之傳》《武帝紀》《外戚傳》《武五子傳》《元帝紀》等數條，則此自是《漢書》本文，今亡佚耳，沈說非。符堅時《長安歌》，當本於此。貢禹上書所引俗語，《貢禹傳》。長安爲尹賞作歌，《酷吏傳》。成帝時黃雀謠，《五行志》。皆足爲歌謠五言之確證。戚夫人、李延年、蘇武、李陵、班婕好諸人，或本出倡家，或爲宮闈之流，或結髮爲諸吏騎士。其所爲歌詩，皆爲謠諺無別。十九首中西漢諸詩，亦此類也。觀劉、班叙語云：“自孝武立樂府而采歌謠，於是有代趙之謳，秦楚之風，皆感於哀樂，緣事而發。亦可以觀風俗、知厚薄云。”今考歌詩二十八家中，除諸不係於地者，有《吳楚汝南歌詩》《燕代謳雁門雲中隴西歌詩》《邯鄲河間歌詩》《齊鄭歌詩》

《淮南歌詩》《左馮翊秦歌詩》《京兆尹秦歌詩》《河東蒲反歌詩》《雒陽歌詩》《河南周歌詩》《河南周歌聲曲折》《周謠歌詩》《周謠歌詩聲曲折》《周歌詩》《南郡歌詩》，都凡十餘家。此與陳詩觀風，初無二致。然則漢世歌謠之有十餘家，無殊於《詩》三百篇之有十五國風也。摯虞《文章流別論》云："五言者，於俳諧倡樂多用之。"所謂俳諧倡樂，謂非大禮所用者也。以摯氏之言推之，則五言固俳諧倡樂所多有。劉、班所列諸方歌謠，宜在俳諧倡樂之內，案，《樂府》有《上陵》多五言。《有所思》多五言。《江南》《東光》多五言。《雞鳴》《陌上桑》《長歌行》二首，或析爲三首。《君子行》《猛虎行》四句，後二句爲五言。《豫章行》《相逢行》《長安有狹斜行》《隴西行》《步出夏門行》《折楊柳行》《艷歌何嘗行》《艷歌行》二首。《艷歌》《上留田》"里中有啼兒"一首。《白頭吟》《怨詩行》《傷歌行》《悲歌》後數句爲五言。《枯魚過河泣》《離歌》《古八變歌》《古歌》二首。篇中多五言。《古咄唶歌》《古歌辭》《古艷歌》《黃門倡歌》《樂府》《古歌銅雀詞》，二首皆四句，二句爲五言。又有《茅山父老歌》，古詩《上山采蘼蕪》等八首，古詩《采葵莫傷根》等二首，古絕句四首，古歌《高田種小麥》一首，古詩《青青陵中草》一首。其辭淳厚清婉，近於國風，此等容有東漢所造，然武帝樂府所録，宜多存者。

　　彥和謂："辭人遺翰，莫見五言。李陵、婕妤，見疑後代。"此以當時文士不爲五言，兼疑樂府歌謠亦無五言。不知少卿、班姬，並非辭人之比也。今人謂五言詩不源於西漢，其最要理由，即爲今日所傳西漢有主名之五言詩，多爲僞作。實則西漢有主名詩之真僞與五言詩之起源，無大關係。故即舉虞美人《答項王歌》，此爲僞作。戚夫人《春歌》，除前二句皆五言。枚乘詩，此非僞詩，惟非枚氏所作耳。卓文君《白頭吟》，即前所舉《白頭吟》，後人因《西京雜記》之説，舉文君以實之，非是。李延年歌，除"寧不知傾城與傾國"一句外，皆五言，《玉台新咏》録此歌去“寧不知”三字，爲純五言詩。《太平御覽》五百十七引此歌作“不惜傾城國，佳人難再得”，亦純爲五言。李陵詩，蘇武詩，班婕妤《怨歌行》，盡能證明其僞，而五言詩源於西漢自若也。蓋雖能證明有主名者之僞，而無主名之樂府歌謡，不能盡僞。即舉樂府歌詩，盡能證其晚出；而《漢書》中之五言謡諺，必非晚出，況有主名者，尚不能盡明其僞哉！然則五言詩源於西漢，更可疑乎？不逮東京，文士漸有五言之作。除樂府歌謡不知主名者外，有班固《咏史詩》一首，傅毅《冉冉孤生竹》一首，此詩在古詩十九首中，《文心》以爲傅毅之詞，今姑列之。張衡《同聲歌》一首，秦嘉《贈婦詩》三首，徐淑《答秦嘉詩》一首，趙壹《疾邪詩》一首，酈炎《見志詩》二首，蔡邕《翠鳥》一首、《飲馬長城窟》一首，《玉台新咏》以爲蔡邕作，今姑列之。蔡琰《悲憤詩》一首，孔融《雜詩》二首、《臨終詩》一首，辛延年《羽林郎》一首，宋子侯《董嬌饒》一首。及魏武父子，建安諸賢，連篇累牘，幾難數計。作者滋多，工拙之數，可得而言。故文帝《與吳質書》，始以五言見諸品藻。此可證五言初興，樂歌爲衆，東漢文士，漸相模效，辭人競作，隆自建安。其發達塗轍，固甚分明矣。鈴木虎雄謂五言詩發達之徑路不明，非是。此爲中國文學界一大問題，屢見爭論，至今未決。茲注諸家歌詩存亡，亦曾引及五言，慮或有以彦和之語相非疑者，故詳論之。參看黃季剛先生《〈文心雕龍·明詩〉篇札記》，拙著《中國文學概論》第十七篇《文學之源流派別及漢詩辨證》序。

八、詩賦別爲一略及名稱倒置之故

凡詩賦百六家，千三百一十八篇　入楊雄八篇。

今計百六家，千三百二十一篇，家數符，多三篇。章學誠曰：
"詩賦篇帙繁多，故不入《詩經》，而自爲一略。"《校讎通義》卷二《補
校漢藝文志十之三》。又曰："詩賦浩繁，離《詩經》而別自爲略。"同
上《十之五》。案，漢世詩賦，作者蠭起，已足自成一科。後賢摘文
敷義，亦不能盡合經典，故劉、班不與《詩經》同次。實齋之言，
亦近是矣。章氏又曰："賦者古詩之流，劉勰所謂'六義附庸，
蔚成大國'者是也。義當列詩於前，而叙賦於後，乃得文章承
變之次第。劉、班顧以賦居詩前，則標略之稱詩賦，豈非顛倒
與？每怪蕭梁《文選》，賦冠詩前，絕無義理，而後人競效法也，
爲不可解。今知劉、班著録，已啓之矣。"《校讎通義》卷三《漢志詩賦十
五之三》。案，中國文學體裁之偉大，當以辭賦爲最。漢世爲賦
之極盛時代，作家之多，作品之富，遠非歌詩所及。故以賦居
前，次詩於後，正所以著賦之盛且大也。章氏知詩賦繁多，自
爲一略；不知賦篇繁多，故次居詩前，異哉。賦與詩之源流，
後幅當詳論之，兹不多述。至詩賦二名相次，實當時習慣使
然，無順逆之可言也。王應麟《考證》引唐氏之言曰："武帝好
文，詩賦特盛。然五種凡百六家千三百一十八篇而已。非若
後世濫取，至不可勝計。"余讀此言，未嘗不有動於中也。夫百
六家中，今存者幾何？千三百一十八篇，今存者幾何？計賦七
十八家，今存者不過十六家；千零四篇，今存者不過一百一十
餘篇；其殘缺及可疑者，尚在其中。計詩二十八家，今所存可
確定不疑者，不過十餘家；三百一十四篇，今存者不過百篇左

右。而此百篇中，又多不能確指屬於何家。總計百六家，今存者不過三十家左右；千三百一十八篇，今存者不過二百餘篇。則古人篇章湮沒不傳者，何其多也。恒見今人爲文，數日成集；能於一年中，出書數十種。或自衒自媒，每於篇後，作種種標題，矜其敏速。雖古人據鞍制書，倚馬爲文，不能相比。而觀其内容，則多無足取者。吾恐此類著作，將與身俱亡矣。嘗讀《枚皋傳》，言皋：“爲文疾，受詔輒成，故所賦者多。司馬相如善爲賦而遲，故所作少而善於皋。皋賦辭中自言爲賦不及相如。”今相如依然爲辭賦大家，而皋之賦篇，無一存者。多將何爲哉？故吾人讀唐宋以下之書，猶如排沙簡金，往往見寶。以其劣者未盡亡也。若讀漢以上書，則爛若披錦，無處不善，以其劣者已盡亡矣。今之後生，喜訶古人，於舊日詩賦，抨擊無所不至。非指爲無用，即予以“死”名。吾不知彼輩所爲，更數十百年，將能永不刊滅否也？杜甫詩云：“爾曹身與名俱滅，不廢江河萬古流。”《戲爲六絶句》。學者宜知所戒矣。

九、論語疏説

　　班氏論詩賦語，本於劉歆《七略》。其中所言，不盡可信。
茲録其原文，略施論證焉。其言曰：

　　傳曰"不歌而誦謂之賦"，"登高能賦，可以爲大夫"。言感
物造耑，材知深美，可與圖事，故可以爲列大夫也。古者諸侯卿
大夫，交接鄰國，以微言相感，當揖讓之時，必稱《詩》以諭其志，
蓋以別賢不肖而觀盛衰焉。故孔子曰"不學《詩》，無以言"也。
春秋之後，周道寖衰。聘問歌咏，不行於列國。學《詩》之士，逸
在布衣，而賢人失志之賦作矣。大儒孫卿及楚臣屈原，離讒憂
國，皆作賦以風，咸有惻隱古詩之義。其後宋玉、唐勒，漢興，枚
乘、司馬相如，下及楊子雲，競爲侈麗閎衍之詞，没其風諭之義。
是以楊子悔之，曰："詩人之賦麗以則，辭人之賦麗以淫。如孔
氏之門用賦也，則賈誼登堂，相如入室矣。如其不用何！"自孝
武立樂府而采歌謡，於是有代趙之謳，秦楚之風，皆感於哀樂，
緣事而發。亦可以觀風俗，知厚薄云。序詩賦爲五種。

　　案劉、班謂孫卿、屈原之賦，有惻隱古詩之義。是無異謂
孫、屈之賦，爲源於古詩也。考昔人論賦，多有此説。其端肇自
劉安，不始於子駿、孟堅也。安《叙離騷傳》有曰："《國風》好色
而不淫，《小雅》怨誹而不亂。若《離騷》者。可謂兼之矣。"
《史記·屈原賈生列傳》。此乃以《詩》比《騷》，非謂《騷》源於《詩》。然
後人賦出於《詩》之説，實基於此。《漢書·王褒傳》宣帝曰："辭
賦大者，與古詩同義。"辭賦之義，與古詩同，則辭賦當源於古詩
矣。班氏《兩都賦序》亦曰："或曰：'賦者，古詩之流也。'"《文
選五臣注》吕向曰："或者，不定之辭。"詳其語氣，孟堅似猶未敢

斷定賦爲出於古詩也。然其下文又曰："故言語侍從之臣,若司
馬相如、虞丘壽王、東方朔、枚皋、王褒、劉向之屬,朝夕論思,日
月獻納;而公卿大臣,御史大夫兒寬、太常孔臧、太中大夫董仲
舒、宗正劉德、太子太傅蕭望之等,時時間作。或以抒下情而通
諷諭,①或以宣上德而盡忠孝。雍容揄揚,著於後世,亦雅頌之
亞也。"此實以司馬相如等之賦,爲雅頌之流亞矣。

　　孟堅之説如此,後儒多祖述之。今若一二其詳,不勝煩瑣,
故僅取其著者以著於篇。如摯虞《文章流別論》云:"賦者,古詩
之流也。前世爲賦者,有孫卿、屈原,尚頗有古詩之義。"李白
《大獵賦序》云:"白以爲賦者,古詩之流。"晁補之《離騷新序》
云:"自風雅變而爲《離騷》,《離騷》變而爲賦。"晁氏雖別騷於
賦,然其謂賦爲由詩轉變而來,則仍劉、班以來之舊説也。是説
也,直至近世,論文之士,猶未敢稍持異議。蓋三百篇,韵文也;
後世之賦,亦韵文也。就其同爲韵文而觀之,其性質自可相通;
本其發生之先後而言之,又似有父子之關係,欲攻破之,殊不易
也。然自文學之起源論之,古初文學,本爲韵語,此世界之公
論,非一人之私言。故後世各體韵文,胥當源於古初韵語。三
百篇亦古初韵語之子孫,焉能當百世不遷之宗乎?且就賦之本
身言之,最初以賦著稱者,荀卿、屈原也。荀卿之賦,質木無文,
不能脱盡北方文學之本色,謂其源於《詩經》猶可。荀卿之賦,亦受楚
人影響,論詳後節。至屈原之賦,則命意修辭,與北方文學全異,儼然
南派正宗。又何必效尊經者故爲穿鑿傅會之論,謂之爲源於三
百篇哉!故詩賦兩體之關係,與其謂爲父母子女,不若謂爲兄
弟長幼之爲愈也。

　　抑更有進者,以上所謂賦源古詩,實統詩之全部而言,非分

---

①　"抒",原作"杼",據胡刻本《文選》改。

指詩之一體也。然儒者明詩，舊有六義之説：六義之中，即有賦名。於是後之釋辭賦者，又作皮相之論；是不可不辨也。案《周禮・春官・宗伯下》云："太師教六詩，曰風，曰賦，曰比，曰興，曰雅，曰頌。"《毛詩關雎序》亦曰："故詩有六義焉；一曰風，二曰賦，三曰比，四曰興，五曰雅，六曰頌。"以賦既爲六義之一，故後之儒者，遂謂賦爲詩之一義演變而成。此與"賦爲古詩之流"之論，後人多混爲一談，實則其範圍自有大小之分，不容忽之也。楊雄《法言・吾子》篇曰："詩人之賦麗以則，辭人之賦麗以淫。"所謂"麗則麗淫"，乃文德問題，兹弗論。案孔穎達《毛詩正義》云："風雅頌者，詩篇之異體；賦比興者，詩文之異辭耳。賦比興是詩之所用，風雅頌是詩之成形。"由此言之，則賦不過詩中之一用耳。子雲以"詩人之賦"與"辭人之賦"對舉，其意若曰：以辭人之賦比詩之一用，猶有"麗則麗淫"高下之差。是不啻認二者爲有孳乳之關係，而興每況愈下之慨也。皇甫謐《三都賦序》曰：[①]"詩人之作，雜有賦體。子夏序《詩》曰：'一曰風，二曰賦。'故知詩者，[②]古詩之流也。"此謂賦由詩之賦體變化而來，言賦爲詩之支與流裔也，劉勰《文心雕龍》亦宗此説。《詮賦》篇曰"《詩》有六義，其二曰賦"，"賦也者，受命於詩人，拓宇於《楚辭》也。[③] 於是荀況《禮》《智》，宋玉《風》《釣》，爰錫名號，與詩畫境。六義附庸，蔚成大國"。比較士安所言，更爲明晰。其在後世，此種議論，幾於衆口一辭，牢不可破。觀李善之注《文選》，於《兩都賦序》，斷斷於六義之間，可識此説勢力之大矣。

---

① "三"，原作"二"，據胡刻本《文選》改。

② "詩"，胡刻本《文選》作"賦"。

③ "宇"，原作"字"，據《四部叢刊三編》影印宋本《太平御覽》、清光緒九年浙江書局刊本《玉海》改。

今欲解決此問題,必先明先儒對于賦中賦體之解釋。鄭玄曰:"賦之言鋪,直鋪陳今之政教善惡。"《周禮‧春官‧宗伯下》注。孔穎達釋之曰:"鄭以賦之言鋪也,鋪陳善惡。則詩文直言其事不譬諭者,皆賦辭也。"《毛詩正義》。朱熹《詩經集傳》云:"賦者,敷陳其事而直言之也。"由此觀之,賦實爲詩之修辭方法之一,與比、興對列,不容相混。比體附類以指事,興體假物以起情,與直陳其事不譬喻者有別也。苟後世之賦,爲由詩之一義演變而成;則後世賦中,即不應有比興之體。然驗以後世之賦,附類假物,觸處多然,焉得望文生義爲此目論乎!或曰:賦爲三百篇之進化,吾人既否認之。然則今於人所共稱爲"賦"之一種文體,究應作何解乎?曰:賦者,韵文之一種也。賦中雖間有不用韵者,然當以用韵爲正。其體實糅合古代多種韵文而成。故語句修短,初無定式;修辭用韵,變化多端。三百篇亦爲古代韵文,其與賦之關係,吾人自不能完全否認之。惟絕不能如昔人所論,若是其密邇也。

至於賦之命名,吾人既不承認其爲六義之一,自亦應有相當之解釋。《毛詩‧大雅‧烝民》傳曰:"賦,布也。"《吕氏春秋‧慎大》《淮南子‧時則》高誘注皆曰:"賦,布也。"《後漢書‧李固傳》、《董卓傳》李賢注皆曰:"賦,布也。"是皆釋賦爲布。布者,散布陳列之義也。《管子‧山權數》尹知章注據晁公武《郡齋讀書志》説。曰:"賦,敷也。"敷、布義同。《楚辭‧九章‧悲回風》王逸注曰:"賦,鋪也。"鋪亦陳列之義。鄭注《周禮》"賦之言鋪",義與此同。其所謂"直鋪陳今之政教善惡",乃因釋詩而爲此言耳。《小爾雅‧廣詁一》曰:"頒,賦,鋪,敷,布也。"《廣雅‧釋詁》曰:"鋪,散,斁,拵,陳,列,播,莫,班,賦,布也。"由此言之,則凡事之有敷陳之義者,皆得謂之爲賦。故段玉裁《説文解字》注曰:"凡言以物班布與人曰賦。"《卷六‧下貝部》。至於文章,則亦文人自敷胸懷，播以筆墨，散在竹帛者也。既有敷陳之義，故亦名之爲賦。故《釋名·釋典藝》曰："敷布其義謂之賦。"《文章流別論》曰："賦者，敷陳之稱也。"《文選·陸機文賦》李善注曰："賦以陳事。"

或曰：苟如是，則凡文字之能"敷陳其事""敷布其義"者，皆得謂之爲賦；而後世賦體，多屬韵文，其理安在。曰：賦之一字，於文法爲動詞。其變爲名詞而爲文體名號之一，亦有其經過之歷史焉。《左傳·隱公元年》："公入而賦'大隧之中，其樂也融融'，姜出而賦'大隧之外，其樂也洩洩'。"《文心雕龍·詮賦》篇以此爲賦。案，此間兩賦字，實爲動詞，非名詞。彦和誤矣。隱公三年《左傳》云："衛莊公娶於齊東宮得臣之妹，曰莊姜，美而無子，衛人所爲賦《碩人》也。"閔公二年《左傳》云："許穆夫人賦《載馳》。"閔公二年《左傳》又云："鄭人惡高克，使帥師次於河上，久而弗召，師潰而歸，高克奔陳，鄭人爲之賦《清人》。"僖公五年《左傳》云："晋侯使士蔿爲二公子築蒲與屈，不慎，公使讓之。退而賦曰：'狐裘尨茸，一國三公，吾誰適從？'"《文心雕龍》亦以此爲賦，誤與上同。以上所引諸賦字，其詞性相同，皆爲動詞。所稱賦某某者，即謂作某某也。故隱公元年杜預注曰："賦，賦詩也。"孔穎達《正義》釋之曰："賦詩，謂自作詩也。"隱公三年孔穎達《正義》曰："此賦謂自作詩也。此與閔二年鄭人賦《清人》，許穆夫人賦《載馳》，皆初造篇也。"閔公二年杜預注云："許穆夫人痛衛之亡。思歸唁之，不可，故作詩以言志。"僖公五年杜預注曰："士蔿自作詩也。"觀此，則上引諸賦字，皆當訓作，與賦比興之賦不同，明矣。準斯以談，則凡咏一事，歌一物，吟其胸懷，皆得稱之爲賦。更由"賦事""賦物""賦胸懷"諸動詞之賦字，變爲"某事之賦""某物之賦""某種感懷之賦"諸名詞之賦字，則後世賦體之名號生矣。又上引《左傳》中諸賦字，其所賦之詞，皆爲韵文。由此可知賦之一字，其用爲動詞時，習慣上皆就韵文而言。作散文而稱之爲賦，古所未見也。後世賦之一名，既由動詞轉變而來，故仍沿其原來之習慣，而多爲韵文也。

更有一事爲吾人所不可不知者，賦既爲文體之一，與賦、比、興之無關，則其修辭方法，惟人所用，"或直陳其事"，或"附類指事"，或"假物起情"，均無不可。故六義中三種修辭方法，作賦時皆能適用也。或曰：劉、班稱"傳曰：'不歌而誦謂之賦。'"按，此語皇甫謐《三都賦序》以爲古人之言，未指其名。《文心雕龍·詮賦》篇直以爲劉向之語。其義若何？曰：此就賦爲動詞時之一義而言，非謂辭賦本身也。後人不察，舉此語以釋辭賦，謂"不歌而誦"爲賦之特性；直至近世，猶不悟其非。案《左傳·隱公三年》孔穎達《正義》引鄭玄云："賦者，或造篇，或誦古。"是賦本有二義，創作固謂之賦，誦古人成文，亦謂之賦也。故《楚辭·招魂》王逸注曰："賦，誦也。"以賦本有誦讀之義，故古人誦讀成文，亦稱爲賦。《左傳》中此例甚多。如《襄公二十七年》云："鄭伯享趙孟於垂隴，子展、伯有、子西、子產、子太叔、二子石從。趙孟曰：'七子從君，以寵武也，請皆賦以卒君貺，武亦以觀七子之志。'子展賦《草蟲》。伯有賦《鶉之賁賁》。子西賦《黍苗》之四章。子產賦《隰桑》。子太叔賦《野有蔓草》。印段賦《蟋蟀》。公孫段賦《桑扈》。"又如《昭公二年》："春，晋侯使韓宣子來聘。公享之。季武子賦《綿》之卒章。韓子賦《角弓》。武子賦《節》之卒章。既享，宴於季氏，有嘉樹焉。宣子譽之，武子曰：'宿敢不封殖此樹以無忘《角弓》。'逐賦《甘棠》。宣子遂如齊納幣，自齊聘於衛，衛侯享之。北宮文子賦《淇澳》。宣子賦《木瓜》。"上引文中諸賦字，皆謂誦讀古人成文也。劉、班所謂"稱《詩》諭志"，即指此類。孔氏所謂"不學《詩》，無以言"，謂"使於四方，不能專對"也。《毛傳》所言"升高能賦"，《鄘風·定之方中》。亦謂"微言相感，歌詩必類"也。<small>章炳麟《國故論衡·辨詩》篇説。</small>是即"不歌而誦"之確解也。或引《國語·周語》"師箴瞍賦矇誦百工諫"，以爲古有賦體。案，此所謂賦者，"賦公卿列士所獻詩也"。<small>韋昭注。</small>"箴賦誦諫"四字，皆爲動詞，焉得與後世辭賦混爲一談乎。謝榛《四溟詩話》，謂《長門賦》等篇，非不可歌。<small>卷一。</small>其識見有過人者。以"不歌而誦"一語，證以辭賦本身，實不可通。如《楚辭·九歌》，即爲祀神之曲，先儒已有成説，<small>參看王逸《楚辭章句·九歌·序》、朱熹《楚辭集注·九歌·序》。</small>其本文中亦多内證。如《東皇太一》曰："揚枹兮拊鼓，疏緩節兮安歌，陳竽瑟兮浩倡。五音紛兮繁會，君欣欣兮樂康。"此辭賦能歌之鐵證也。至於後世文人所作，多不可歌，實由無人爲製樂譜耳，苟人有焉，爲之按辭製譜，安見其不能歌乎？

十、騷賦之別

　　昔人論賦，每拘泥題目，遺其篇章；故有結體散文，明爲辭賦，而乃被擯於辭賦範圍之外者。如六朝人之於《楚辭》，即不免此種謬誤，是不可不辨也。劉勰《文心雕龍》於《詮賦》篇外，別立《辨騷》一篇，總論《楚辭》。任昉《文章緣起》析賦與離騷、反騷爲三。蕭統《文選》於賦目外，特立騷目，以《楚辭》所録充之。厥後姚鉉《唐文粹》、呂祖謙《宋文鑑》、莊仲方《南宋文範》、張金吾《金文最》、蘇天爵《元文類》、薛熙《明文在》等書，復踵《文選》之謬，分騷、賦爲二。是皆誤於靈均騷之一名，未能深識賦體也。

　　紀昀有言：“《離騷》乃楚辭之一篇，統名楚辭爲騷，相沿之誤也。”《文心雕龍·辨騷》篇評語。是則統名楚辭爲騷，不免以偏賅全之病。黃季剛先生曰：“離騷二字，不可截去一字，但稱爲騷。”《文心雕龍·辨騷》篇札記。是則離騷二字，實爲一名；截離存騷，揆以文理，便不可通。後人尾以賦字，稱爲騷賦，亦習焉不察者矣。

　　然此種謬誤，猶其小焉者。其別騷於賦，實足以淆亂是非。以此志衡之，絕不可通。考今《楚辭》所録諸家，除景差、東方朔外，俱隸屈原賦下。屈原之作，統名爲賦，則宋玉、莊夫子、賈誼、淮南小山、劉向、王褒諸家附屈原而見於《楚辭》者，自亦當名之爲賦。漢人目標《楚辭》，辭與賦本爲一稱。《史記·司馬相如傳》言：“景帝不好辭賦。”《漢書·楊雄傳》：“賦莫深於離騷，辭莫麗於相如。”則辭亦爲賦，賦亦爲騷。所謂楚辭者，猶曰楚賦云爾。參看劉熙載《賦概》。故劉、班於宋玉、莊夫子、賈誼、淮南王群臣、劉向、王褒諸人之作，亦直稱賦若干篇。此非劉、班之私言,實晉宋以前之公論也。謂余不信,請略證之。

《史記·屈原賈生列傳》述原與漁父問答即竟,繼之曰:"乃作懷沙之賦。"夫《懷沙》乃《九章》中之一篇,名《懷沙》爲賦,則《九章》皆可名賦矣。《屈原賈生列傳》又曰:"余讀《離騷》《天問》《招魂》《哀郢》,悲其志。"《離騷》與《天問》《招魂》《哀郢》並舉,足證子長不以楚辭統名爲騷也。《屈原賈生列傳》又曰:"屈原既死之後,楚有宋玉、唐勒、景差之徒者,皆好辭而以賦見稱。"是則《楚辭》中所録宋玉、景差之作,均得名之爲賦矣。楊雄《法言·吾子》篇稱"景差、唐勒、宋玉之賦",今不復引。即在《漢書》一書中,其稱屈原之作爲賦者,亦不止《藝文》一志。如《賈誼傳》云:"屈原,楚賢臣也,被讒放逐,作《離騷賦》。"《揚雄傳》云:"賦莫深於《離騷》。"《地理志》曰:"始楚賢臣屈原,被讒放流,作《離騷》諸賦以自傷悼。"顏師古注云:"諸賦,謂《九歌》《天問》《九章》之屬。"舉上三證,足以爲例,屈作名賦,尚何疑哉?班氏《離騷序》曰:"其文弘博麗雅,爲辭賦宗。後世莫不斟酌其英華,則象其從容。自宋玉、唐勒、景差之徒,漢興,枚乘、司馬相如、劉向、揚雄騁極文辭,好而悲之,自謂不能及也。"宋、枚、馬、揚諸人,皆辭賦家,而皆則象屈原之作,苟原作非辭賦,焉能爲辭賦宗乎?班氏《離騷贊序》云:"至於襄王,復用讒言,逐屈原,在野,又作《九章》賦以風諫,卒不見納。"孟堅直名《九章》爲賦,疑騷、賦有二者,可以渙然冰釋矣。王逸《楚辭章句》序云:"自終没以來,名儒博達之士,著造辭賦,莫不擬則其儀表,祖式其模範,取其要妙,竊其華藻。"此與《離騷序》之言,其意正同。綜觀上引諸説,可知漢人直名楚辭爲賦,未嘗別立騷名也。

曹丕《典論·論文》曰:"或問屈原、相如之賦孰愈?曰:優游按衍,屈原之尚也。浮沉漂淫,窮侈極妙,相如之長也。然原據託譬喻，其意周旋，綽有餘度矣。長卿、子雲，未能及也。"此則屈原之作，與相如、子雲所爲，同名爲賦，魏世猶無異議。摯虞《文章流別論》曰："《楚辭》之賦，賦之善者也。故揚子稱賦莫深於《離騷》。賈誼之作，則屈原儔也。"觀摯氏之言，則以楚辭爲賦，晋世猶然。而劉勰、任昉、蕭統諸人，乃云如彼，是亦未識賦之源流者矣。然彦升《文章緣起》一書，引據本多疏陋，《四庫提要》疑爲僞託，不足深譏。蕭統《文選》，前人謂其"拙於文而短於識"，蘇軾《答劉沔書》。"淆亂蕪穢"，章學誠《文史通義·詩教下》。"分體碎雜，立名可笑"，姚鼐《古文辭類纂·序目》。其不辨辭賦源流，亦固其所。至姚鉉、吕祖謙、莊仲方、張金吾、蘇天爵、薛熙輩，明爲襲謬踵訛，更可不論。惟彦和之書，辨章流別，卓躒千古，似不應不見及此。尋《辨騷》篇有云："固知《楚辭》者，乃雅頌之博徒，而辭賦之英傑也。"是劉氏直以《楚辭》爲辭賦矣。《詮賦》篇云："及靈均唱騷，始廣聲貌。然賦也者，受命於詩人，拓宇於楚辭也。"此又以楚辭爲賦也。黄季剛先生曰："彦和論文，別騷於賦，蓋欲以尊屈子，使《離騷》上繼《詩經》，非謂騷、賦有二。"《文心雕龍·辨騷》篇札記。可謂得古人之用心者矣。吴子良《林下偶談》曰："太史公言：'離騷者，遭憂也。'離訓遭，騷訓憂。屈原以此命名，其文則賦也。故班固《藝文志》有《屈原賦》二十五篇。梁昭明集《文選》，不併歸賦門，而別名之曰騷；後人沿襲，皆以騷稱，可謂無義。篇題名義且不知，況文乎?"案，《史記·屈原賈生列傳》："離騷者，猶離憂也。"班固《離騷贊序》曰："離猶遭也，騷憂也，明已遭憂作辭也。"吴引作太史公言，誤矣。祝堯《古賦辨體》曰："屈子爲騷，世號楚辭，不正名曰賦。然自漢以來，賦家體製，大抵皆祖於是焉。"王夫之《説文廣義》曰："離騷者，言已離此擾亂之世，而作賦以寫憂也。《離騷》本賦題，東方朔、劉向之徒別爲一體，名之曰騷，不統於賦。然則《幽通賦》可名曰幽，《述志賦》可名曰志乎?"劉熙載《賦概》云："騷爲賦之祖。太史公《報任安書》：'屈原放逐，乃賦離騷。’《漢書·藝文志》：‘屈原賦二十五篇。’不別名騷。”數子之言，真可破諸家之謬妄，總殊名而齊歸者矣。案，《廣雅·釋詁》：“歟賦，布也。”王念孫《疏證》：“歟者，廣韻音盧啓呂支二切，布也，陳也。昭元年《左傳》：楚公子圍設服離衛。杜預注云：離，陳也。離與歟通。”離賦同訓，則離亦可訓賦。故離騷者，猶云賦憂也。如是，則離騷二字，自有賦義矣。

十一、賦之封略

  《孫卿賦》下有《李思孝景皇帝頌》十五篇。雜賦之末，附《成相雜辭》十一篇，《隱書》十八篇。名號有異，亦以入録，頗足啓後人之疑，章學誠曰："《孝景皇帝頌》十五篇，次於第三種賦内，其旨不可強爲之解矣。按，六義流別，賦爲最廣，比興之義，皆冒賦名。風詩無徵，存於謠諺。則雅頌之體，實與賦類同源異流者也。從使篇第傳流，多寡不敵，有如漢代，而後濟水入河，不復別出。亦當叙入詩歌總部之後，別而次之。或與銘箴贊誄，通爲部録，抑亦可矣。何至雜入賦篇，漫無區別耶?"《校讎通義》卷三《漢志詩賦十五之七》。又曰："《成相雜辭》十一篇，《隱書》十八篇，次於雜賦之後，未爲得也。按楊倞注《荀子·成相》：'蓋亦賦之流也。'朱子以爲雜陳古今治亂興亡之效。託之風詩以諷時君，命曰雜辭，非竟賦也。《隱書注》引劉向《別録》，謂'疑其言以相問對，通以思慮，可以無不喻'。是則二書之體，乃是戰國諸子流列，後代連珠韻語之濫觴也。法當隷於諸子雜家，互見其名，爲説而附於歌詩之後可也。"同上。《十五之八》。實齋之言，未達劉、班之旨也。夫漢世韻文，惟詩賦兩種，足以獨立成體。其餘韻文，立名雖異，其修辭方式，不能出詩賦之外。故劉、班以詩賦爲韻文之總匯，不顧名號之異，其體無別，即以入録，苟非立義有殊，科有專屬，則不爲別出，統歸詩賦之類。如《詩經》之別自爲類，以其爲六藝之一也。《雅歌詩》四篇之入樂類，以其爲古聲古辭，案，即《鹿鳴》《騶虞》《伐檀》《文王》四篇。宜與《雅琴》諸家相類從也。樂類有《雅琴趙氏》七篇、《雅琴師氏》八篇、《雅琴龍氏》九十九篇。其餘如劉向《列女傳頌》，在儒家《劉向所序》六十七篇中。揚雄之《箴》，在儒家《揚雄所序》三十八篇中。均列儒家。《黃帝録》六篇入道家。《孔甲盤盂》二十六篇，《荆軻論》五篇，注："軻爲燕刺秦王，不成而死，司馬相如等論之。"《文章緣起》"司馬相如作《荆軻贊》"。《文心雕龍·頌讚》篇："相如屬筆，始贊荆軻。"即指此。並入雜家。當亦以其義有專屬，故不隸《詩賦略》也。其它韻文之別屬者，皆當視此。參看章氏《校讎通義》卷二《鄭樵誤校漢志十一之一》、卷三《漢志六藝十三之八》《漢志諸子十四之八》及《十四之三十一》。章氏徒見"頌""雜辭""隱書"等名號之異，謂宜別爲部録或隸於他略。不知屈原之作，全無賦名。宋玉之《九辯》，趙幽王之《歌》，莊夫子之《哀時命》，賈誼之《惜誓》，枚乘之《七發》，司馬相如之《封禪文》，淮南之《琴頌》，淮南小山之《招隱士》，武帝之《秋風辭》，劉向之《九歎》《高祖頌》《琴頌》，王褒之《九懷》《僮約》《責鬚髯奴》《辭甘泉宮頌》《碧雞頌》，按王褒《洞簫賦》，《漢書》本傳稱《洞簫頌》。揚雄之《反離騷》《廣騷》《畔牢愁》《解嘲》《解難》《趙充國頌》《劇秦美新》，案，揚雄《酒賦》亦稱《酒箴》。孫卿之《成相》篇，亦皆不名爲賦。而劉、班著録，統稱之曰：某某賦若干篇。焉得以名號殊異爲疑哉。

　　善哉章炳麟之《論詩賦》曰："春官瞽矇掌九德六詩之歌。然則詩非獨六義也，猶有九歌。其隆也，官箴占繇皆爲詩。故《詩序》《庭燎》稱箴，《汋水》稱規，《鶴鳴》稱誨，《祁父》稱刺，明《詩》外無官箴。《辛甲》諸篇，悉在古詩三千之數矣。《詩賦略》録《隱書》十八篇，則東方朔、管輅射覆之辭所出。又《成相雜辭》者，徒役送杵，其句度長短不齊，悉以入録。其他有韻諸文，漢世未具，亦容附於賦録。古者大司樂以樂語教國子，蓋有韻之文多矣。且文章流別，今世或繁於古。亦有古所恒覩，今隱没其名者。《文章緣起》所列八十五種，至於今日，亦有廢弛不舉者。夫隨事爲名，則巧歷或不能數；會其有極，則百名而一致者多矣。武帝以後，宗室削弱，藩臣無邦交之禮。縱橫既黜，然後退爲賦家，時有解散，故用之符命，即有《封禪》《典引》；用之自述，而《答客》《解嘲》興。文辭之繁，賦之末流爾也。雜賦有《隱書》者。傳曰：'談言微中，亦可以解紛。'與縱橫稍出入。淳于髡《諫長夜飲》一篇，純爲賦體，優孟諸家顧少耳。東方朔與郭舍人爲隱，依以諷諫。世傳《靈棋經》，誠僞書，然其後漸流爲占繇矣。管輅、郭璞，爲人占皆有韵，斯亦賦之流也。諸四言韵語者，皆《詩》之流。"《國故論衡·辨詩》。章氏之言，可謂善體劉、班之意者矣。蓋文體多名，難可拘滯。或沿古以爲號，或隨宜以立稱。或因舊名而質與古異，或創新號而實與古同。若推迹其本原，審察其體制，自不爲名實所惑，可收以簡馭繁之功也。略。本《文心雕龍·頌贊》篇札記。

　　考古人韵文作品，多有襲用詩賦之體，而別標名號者。吾人於此等作品，宜以修辭爲斷，不能拘於題目，而遂擯之於詩賦封略之外也。兹就其著者論之：如漢魏六朝文士，好爲七辭。其端肇自枚乘，後賢承流，紛然繼作。乘爲《七發》。傅毅作《七激》。張衡作《七辨》。劉廣世作《七興》。崔駰作《七依》。崔瑗作《七蘇》。《文心雕龍·雜文》篇言"崔瑗《七厲》"，誤。李尤作《七歎》《七命》。馬融作《七厲》。或作《七廣》。桓麟作《七説》。崔琦作《七蠲》。劉梁作《七舉》。桓彬作《七設》。《後漢書·桓彬傳》誤以《七説》爲桓彬作。曹植作《七啓》《七咨》。《初學記》七引作《七忿》。王粲作《七釋》。徐幹作《七喻》。傅巽作《七誨》。卞蘭作《七牧》。劉劭作《七華》。應貞作《七華》。傅玄作《七謨》。杜預作《七規》。一作《七矯》。成公綏作《七唱》。左思作《七諷》。《文選》沈約《齊故安陸昭王碑文》李善注引作《七略》。張協作《七命》。孫毓作《七誘》。陸機作《七羨》《七徵》。或作《七微》。湛方生作《七歡》。謝靈運作《七濟》。顏延年作《七釋》。孔欣作《七誨》。齊竟陵王賓僚有《七要》。蕭統作《七契》。蕭綱作《七勵》。蕭子範作《七誘》。顏之推作《七悟》。衛洪作《七開》。孔煒作《七引》。吳氏作《七矜》。傅玄《七謨序》言魏時有楊氏《七訓》。《文苑英華》載有《七召》。

今不能遍舉。此類文字，雖展轉相師，了無新氣，亦足見其體之盛矣。傅休奕總集晋以前人七篇，署曰《七林》。見《文章流別論》。摯虞《文章流別論》亦有七辭之目。《太平御覽·文部六》作七辭，今從之。蕭統《文選》遂於騷賦之外，別標七目。章學誠譏之，其論甚是。《文史通義·詩教下》。夫《七發》《七激》，亦如《九歌》《九章》《九辯》《九懷》《九歎》《九思》之類，皆賦屬也。故崔駰既作《七依》，復假揚雄論賦語以自警。見《文章流別論》。足證七之與賦，初無二致。《文選·七發》李善注曰：“七發者，説七事以起發太子也。猶《楚辭·七諫》之流。”《楚辭·七諫序》洪興祖《補注》曰：“昔枚乘作《七發》，傅毅作《七激》，張衡作《七辨》，崔駰作《七依》，曹植作《七啓》，張協作《七命》，皆《七諫》之類。”《七諫》爲賦，如無異議；則《七發》以下之作，其爲賦更何疑乎？章學誠見《七林》之文，皆爲設問，因謂“孟子問齊王之大欲，歷舉輕暖肥甘聲音采色，《七林》之所起”。《文史通義·詩教上》。實則《七林》與《孟子》，其辭氣絕不相類。實齋之言，未足宗也。章炳麟《國故論衡·辨詩》篇謂“枚乘以《大招》《招魂》散爲《七發》”。尋其辭采，實如所云。姚鼐《古文辭類纂》、曾國藩《經史百家雜鈔》，均取《七發》入辭賦類，所見甚是。張惠言《七十家賦鈔》以《七發》《七啓》《七命》入選，且以隸之屈原賦下，尤具特識矣。

　　古人哀祭之作，多用賦體。《文選》所録，有誄文、哀文、弔文、祭文等目。誄文、祭文，自謝希逸《宋孝武宣貴妃誄》一首外，皆爲四言。是誄祭之作，多襲詩體矣。哀文所録潘岳《哀永逝文》一首，純爲賦體。顏延之《宋元皇后哀策文》，全屬四言。謝玄暉《齊敬皇后哀策文》，則前幅四言，後用賦體。是則昭明所名爲哀文者，無定體矣。弔文所録賈誼、陸機二作，與賦全無別異。《弔屈原文》，徵之《史記》，固明言其爲賦也。《屈原賈生列傳》曰：“賈生爲長沙王太傅，意不自得。及渡湘水，爲賦以弔屈原。"循斯以推,則《弔魏武帝文》,可名爲賦,斷可知矣。《文選》所用哀悼諸名,《唐文粹》以下,雖或宗或違,然猶多別立名號,未敢合而爲一。至《古文辭類纂》《經史百家雜鈔》,乃集《文選》哀祭諸體,統名之曰哀祭類。就文學分類進化史言之,姚、曾二氏,實較昭明爲善也。原哀祭之體,爲"人告於鬼神者"。《經史百家雜鈔·序例》。《詩·頌》之大部,《邶風·二子乘舟》《秦風·黃鳥》,即屬此類。其行文出以賦體,《楚辭》實始啓之,《九歌》《招魂》《大招》是也。後賢之作,有意屬哀祭而直名爲賦者,賈誼之《弔屈原賦》,《古文辭類纂》《七十家賦鈔》《經史百家雜鈔》均本《史記》正其名爲賦,較昭明爲是。劉徹之《悼李夫人賦》,司馬相如之《哀二世賦》,傅咸之《弔秦始皇賦》,潘岳之《悼亡賦》,皆此類也。有名爲弔祭而實用賦體者,廉元之《弔夷齊文》,陸機之《弔魏武帝文》,李充之《弔嵇中散文》,後魏孝文帝之《弔比干文》,周穎文之《祭梁鴻文》,皆此類也。有意主哀悼體用辭賦而不以哀祭名亦不以賦名者,淮南小山之《招隱士》,王逸序曰:"小山之徒,閔傷屈原,故作《招隱士》之賦,以章其志也。"東方朔之《七諫》,王逸序曰:"東方朔追憫屈原,故作此辭以述其志。"王褒之《九懷》,王逸序曰:"褒讀屈原之文,追而愍之,故作《九懷》以裨其辭。"劉向之《九歎》,王逸序曰:"向追念屈原忠信之節,故作《九歎》。歎者,傷也,息也。"揚雄之《反離騷》,《漢書·揚雄傳》:"乃作書,往往摭《離騷》句而反之,自岷山投諸江流,以弔屈原,名曰《反離騷》。"王逸之《九思》,序云:"逸與屈原同土共國,悼傷之情,與凡有異。作頌一篇,名曰《九思》。"皆此類也。吾人於上述三類及類似此三類之文,亦宜以賦視之。蓋私意以爲凡文體之出以辭賦者,皆可作辭賦觀。猶之文辭之出以詩體者,皆宜作如詩觀。不當拘其名號,滯其所施也。昔《文心雕龍·哀弔》篇謂:"相如之《弔二世》,全爲賦體。"又謂:"華過韵緩,則化而爲賦。"味舍人之言,知哀辭主於痛傷,賦體崇乎華麗。哀弔宜爲四言,辭賦始尚緩句。畛域判然,不容混同。然古今文人，既以賦體爲哀辭；吾人當明其非哀弔正體。而此等作品，既同於賦，自亦當以賦論。故以上云云，與彥和所論，亦不相背戾也。

　　箴銘贊誄，故多四言，古人所作，亦間雜以賦體，陸機論箴，"頓挫清壯"。《文賦》。是本不宜盡爲四言。然機所爲《丞相箴》，傅玄之《太子少傅箴》，温嶠之《太子侍臣箴》，雖結體與賦有別，其雜言亦過多矣。班固之《燕然山銘》，寥寥數語，大似賦體。《續古文苑》載《漢鏡銘》七首，第一首全是賦體。孫星衍謂"其文體似楚騷"，不愧識者。《續古文苑》又載《唐鏡銘》三首，第一首亦與賦無別也。史書篇末之贊，或韵或否。其無韵者，直與評論無異。漢魏六朝人所作韵文之贊體，多爲四言，異體甚少。而曹毗之《黄帝贊》，則與五言詩無異。如牟子才之《李太白脱靴圖贊》，黄山谷《返棹圖贊》，則全是賦體。誄體古人或以散文出之，王褒《聖主得賢臣頌》是也。如董仲舒之《山川頌》，班固之《車騎將軍竇北征頌》，傅毅之《竇將軍北征頌》，馬融之《廣成頌》《東巡頌》，《全後漢文》十八，文不全。結體散文，全同辭賦。蓋劉勰《論頌》，謂"敷寫似賦，而不入華侈之區"。《文心雕龍·頌贊》篇。辭賦體宜華麗，前已言之；故一入華侈，即非頌之正體。外被頌名，實用賦體，《九章·橘頌》，始啓其端。董、班以下，亦如屈作。故《文章流別論》曰："若馬融《廣成》《上林》之屬，純爲今賦之體；而謂之頌，失之遠矣。"《文心雕龍·頌贊》篇亦曰："馬融之《廣成》《上林》，雅而似賦，何弄文而失質乎？"黄叔琳《文心雕龍注》謂《上林》"疑作東巡"。按馬融作《上林頌》，《文章流別論》有明言，已見上。又曹丕《典論·論文》云："議郎馬融以永興中帝獵廣成，融從。是時北州遭水潦蝗蟲，融撰《上林頌》以諷。"此則融自有《上林頌》，今亡佚耳。黄謂《上林》疑作《東巡》，非也。《廣成》《上林》之爲賦，摯、劉二氏有以知之矣。凡此諸類，其是賦非賦，吾人但當以文體爲斷，不容拘泥題目也。

　　自此而外，別立名號而修辭是賦者，其類尚多。陶潛之《歸去來辭》，雖以辭名，實賦類也。夏侯湛之《寒苦謠》《山路吟》《離親咏》，雖以謠、吟、咏爲名，亦賦類也。曹植之《釋愁文》，雖以文名，實賦類也。皇甫謐之《釋勸論》，雖以論名，亦賦類也。王沈《釋時論》同。此類假問答爲體，與《答客難》《解嘲》相似。是何也？以其結體散文是賦也。舉兹數例，他亦準是。至若宋玉《對楚王問》以下，東方朔有《答客難》，揚雄有《解嘲》《解難》，班固有《答賓戲》，崔駰有《達旨》，張衡有《應閒》，崔寔有《客譏》，蔡邕有《釋誨》，應瑒有《釋賓》，陳琳有《應譏》，夏侯湛有《抵疑》，郤正有《釋譏》，束皙有《玄居釋》，郭璞有《客傲》，庾敳有《客咨》，下及韓愈之《進學解》《釋言》等。此類作品，其是賦非賦，應以篇中用韵之多少爲斷。如其用韵處較不用韵處爲多，自亦可歸之賦類。如用韵甚少或全不用韵，則宜擯之於辭賦之外。姚鼐、章學誠辭賦無韵之説，不足爲宗。此言雖似武斷，私意謂不如是，更無善術矣。按《對楚王問》以下之文，《文心雕龍》以之入雜文篇，足見非辭賦之正體也。總之，詩賦之封略，不宜依題目而定。凡用韵之文，其行文用詩賦之體者，均可以詩賦視之。以上所論，多屬賦類，其於詩亦當如是也。

十二、賦之類別

劉、班次賦爲四種：一曰屈原，二曰陸賈，三曰孫卿，四曰雜賦。雜賦之辭，今無傳者，其體制無從識別。説者謂屈原言情，孫卿效物，陸賈爲縱橫之變。《國故論衡·辨詩》。今世論者，率宗此説。然此僅得其大較，能盡其流，未足以言窮源也。蓋《九章·橘頌》，即體物之專篇；而《招魂》《大招》《高唐》諸作，實與縱橫相鄰。劉勰論屈、宋，亦謂"暐燁奇意，出乎縱橫詭俗。"《文心雕龍·時序》篇。烏得謂惟言情一體爲靈均之能事哉？按，學者論賦，多先孫卿而後屈原，是蓋崇儒之故，不足爲宗。當考屈原之死，在楚頃襄王時。《史記·屈原賈生列傳》。而孫卿適楚，春申君以爲蘭陵令，則在楚考烈王八年。至考烈王二十五年，春申君死，孫卿廢，因家蘭陵，著數萬言而卒，葬蘭陵。參看《史記·孟子荀卿列傳》、《春申君列傳》，汪中《述學·荀卿子年表》。是孫卿身世，實後於屈原，其所著作，亦在適楚之後。則《成相》《賦篇》，雖不能盡似楚人，當亦必受靈均之影響也。至於陸賈，則已至漢世，且爲楚人，於屈原爲後輩。其受靈均漸染，更可無疑。賈之時代，後於孫卿，而劉、班以之次孫卿之前。此以賈賦實密邇屈原，孫卿不過以北人效南體，故倒置其時次。其微義亦昭然可證也。觀《莊夫子賦》二十四篇附屈原下，而其子常侍郎《莊忽奇賦》十一篇、《嚴助賦》三十五篇，或言族家子。見《嚴助傳》及顏師古《注》。則附於陸賈之下。《枚乘賦》九篇附屈原下，而其子《枚皋賦》百二十篇，則附於陸賈之下。朱買臣善楚辭，其所爲賦三篇，次於陸賈。揚雄賦擬相如，效楚辭，相如與屈原同次，雄賦十二篇隸陸賈後。《國故論衡·辨詩》云："揚雄賦本擬相如。《七略》相如賦與屈原同次，班生以揚雄賦隸陸賈下，蓋誤也。"此亦可備一說。然班氏於總計陸賦篇數之下復自注云："入揚雄八篇。"則此乃《漢志》原文，決非後人倒亂。是知屈原、陸賈二家；實可相通。陸所異於屈者，或偏於縱橫耳。由是言之，則陸賈、孫卿二家，皆屈賦之支與流裔；而辭賦一體，實南人所獨擅也。

十三、賦家與地域之關係

依賦家所產之地域論之，屈原、陸賈、孫卿三種之中，其爲南人者，有下列諸家：<small>地域不可考者不列。雜賦無地可考，亦不列。</small>

屈原　楚人。

唐勒　楚人。

宋玉　楚人。

趙幽王　高祖子。高祖沛人，又善楚歌。<small>見《漢書·張良傳》。</small>故西漢諸帝及諸侯王子，多受父祖習染，善爲楚聲。其封地或所游止，雖在北土，然溯其所自出，實爲南人也。後不備説。

莊夫子　吳人。

枚乘　淮陰人。

司馬相如　蜀郡成都人。

淮南王　淮南厲王長子。<small>長高祖子。</small>安自幼生長淮南，故無異淮南人。<small>參看《漢書·淮南王傳》。</small>

淮南王群臣　淮南群臣，當多爲南人。如伍被爲楚人。<small>《漢書·伍被傳》。</small>安孫建所善嚴正爲壽春人。<small>《淮南王傳》。</small>小山之上，王逸冠以淮南之名。<small>《招隱士序》。</small>皆其明證也。《淮南王傳》稱："其群臣賓客江淮間多輕薄。"《地理志》亦言："淮南王安亦都壽春，招賓客著書，文辭並發，故世傳楚辭。"則淮南群臣，固多江淮間人矣。

劉偃　偃爲楊丘共侯安之子。<small>此作"陽丘"，誤。</small>齊悼惠王肥之孫。肥爲高祖長子。

武帝　《上所自造賦》二篇，師古曰："武帝也。"高祖曾孫。

劉德　高祖同父少弟楚元王交之曾孫，劉向之父。<small>《楚元王</small>

傳》作"陽城侯"。此"陽成"誤。

劉向　楚元王交之玄孫。

王褒　蜀人。

陸賈　楚人。

枚皋　枚乘子。淮陰人。

朱建　楚人。

莊忽奇　吳人。即《嚴助傳》之嚴忽奇。或言莊夫子子,或言族家子,莊助昆弟也。

嚴助　吳人。莊夫子子,或言族家子。避明帝諱,改莊爲嚴。

朱買臣　吳人。

劉辟強　楚元王交之孫,劉向之祖父也。

蕭望之　東海蘭陵人。

徐明　東海人。

淮陽憲王　名欽,宣帝子。

揚雄　蜀郡成都人。

廣川惠王越　景帝子。

長沙王群臣　其中當多爲南人。

其爲北人者,有下列諸家:

賈誼　雒陽人。

孔臧　孔鮒之從曾孫,鮒爲孔子八世孫,魯人。

吾丘壽王　趙人。

兒寬　千乘人。

司馬遷　左馮翊陽夏人。

馮商　陽陵人。

杜參　杜陵人。

孫卿　趙人。

錡華　雒陽人。

眭弘　魯國蕃人。

其地名可考而不足據者，有下列諸家：

遼東太守蘇季　季爲遼東太守，未必即爲遼東人。

給事黄門侍郎李息　《漢書·衛青霍去病傳》有李息，郁郅人。此李息爲武人，且不官給事黄門侍郎，必非一人也。

魏内史　未必即爲魏人。

東晼令延年　延年未必即東晼人。又《溝洫志》言："齊人延年上書。"師古曰："史不得其性。"未知是一人否？

黄門書者假史王商　《漢書·王商傳》："涿郡蠡吾人，徙杜陵。"然子威未爲黄門書者假史，當非一人。

漢中都尉丞華龍　華龍亦見《蕭望之傳》，未必即爲漢中人。

左馮翊史路恭　恭未必爲左馮翊人。

按，三種合計共六十六家，其地域可考者，共四十四家。四十四家之中，七家地域不足據，可據者三十七家。三十七家之中，南人居二十七家，北人止十家，不及南人之半。又北人十家中，孫卿終老於楚。賈誼曾爲長沙王太傅，過湘水，爲文弔屈原。司馬遷嘗"闚九疑，浮於沅湘，適長沙，觀屈原所自沉淵"。見《史記·太史公自序》及《屈原賈生列傳》。則三人必受靈均影響無疑。漢世諸侯王中，獨淮南長沙有《群臣賦》。益足證辭賦一體，實南人所長矣。又地域可考者三十七家中，隸屈原下者，共十八家。隸陸賈下者，共十四家。隸孫卿下者，共五家。故屈原賦二十家，其生地不可考者，僅二家。陸賈賦二十一家，其生地不可考者，共七家。孫卿賦二十五家，其生地不可考者，有二十家。是亦足判三家賦之善不善矣。又地域可考者南人二十七家中，有作品傳於今者，有屈原、宋玉、趙幽王、莊夫子、枚乘、司馬相如、淮南王群臣、武帝、劉向、王褒、揚雄十一家。北人十家中,有作品傳於今者,不過賈誼、孔臧、司馬遷、孫卿四家。而四家之中,除孔臧外,其餘三家,皆受楚人影響,前已言之,夫作品之傳不傳,即作品之美惡所關。然則辭賦爲南人所獨擅,豈不彰明較著哉?

　　蓋嘗論之,中國幅員廣大,有黃河長江二水,橫貫其中。土地異生,風氣殊宜;故風俗民情,犁然可劃。龔自珍曰:"渡黃河而南,天異色,地異氣,民異情。"《己亥雜詩》三百十五首自注。此明天時人事之不同,本乎自然者也。俞樾曰:"凡事皆言南北,不言東西,何也?蓋自鄭君說《禹貢·導山》有陽列陰列之名,而後世遂分爲南北二條。南條之水江爲大,北條之水河爲大。西北之地,皆河所環抱,故三代建都,皆在河北。東南之地,皆江所環抱,故荆楚之強,自三代至今未艾。南北之分,實江河大勢使然,風尚因之而異也。"《九九消夏錄》。此明南北分言之由兼示風尚殊別之因於地理也。惟是之故,故後世凡百學術事物,莫不以南北而歧其指歸。如六朝學派有南北之異,見《北史·儒林傳》序。佛氏有南北二宗之分,見《傳燈錄》及《九九消夏錄》。道家分南北二宗,見明都印《三餘贅筆》。書法亦有南北派之說,見梁章鉅《退庵隨筆》、包世臣《藝舟雙楫》、康有爲《廣藝舟雙楫》。[①] 畫家亦有南宗北宗之論,見明莫是龍《畫說》。此其彰明較著者。其他如堪輿技擊之類,亦莫不因南北而見殊異。堪輿家分南北二派,見李次青《地理小補序》及王褘青《巖叢錄》。技擊分南北二派。見《少林術》。由此觀之,地理之影響於文化,不可謂不大矣。

　　徵之文學,亦復如是。故自來評文之士,亦恒以南北立論。《北史·文苑傳》序、《隋書·文學傳》序曰:"江左宮商發越,貴於清綺;河朔詞義貞剛,重乎氣質。氣質則理勝其詞,清綺則文

---

① "康",原作"廣",據民國影印《十通》本《清續文獻通考·經籍考》改。

過其意。理深者便於時用，文華者宜於咏歌。此其南北詞人得失之大較也。"文貴清綺，故宜於述情；詞義貞剛，故宜於説理。此以情理區別南北文學之特質也。馮班《滄浪詩話糾謬》曰："南北文章，頗爲不同，北多骨氣而文不及南。"南人尚文，北人尚氣，尚氣故偏於剛，尚文故近於柔。剛柔偏畸，亦南北文學之大別也。王葆心先生論文之總以地理者有曰："大河流域，土風腿重；大江流域，土風輕英。輕英炳江漢之靈，其人深思而美潔，故南派善言情；腿重含河海之質，其人負才而敦厚，故北派善説理與記事。"《古文辭通義》卷十四。南派善言情，北派善説理記事。驗之歷代文學，皆有與此相近之同一傾向也。前人論文，似此者甚多，今不能遍舉矣。參看《中國文學概論》第九篇《文學與地域》。嘗疑中國文化，出於二源。往者與胡小石先生曾榷論之，今能憶者，尚有數端。蓋寬柔以教，不報無道，南方之强也。衽金革，死而不厭，北方之强也。《禮記·中庸》載孔子語。其證一也。孟子嘗有齊語、楚語之説。《孟子·滕文公下》。其證二也。楚人鬼而越人襪，古人早有明言。今以《楚辭·九歌》證之，南方宗教，確爲多神。其神具形像意志，頗似希臘，與北方尊天祀祖有異。其證三也。儒墨名法諸家，均務爲治，其學説率倡於北人，所論多爲政治倫理，重在應用。而南方道家之老莊，則多涉玄想，以無爲用，其證四也。楚國官制，與北方有別，證於《左傳》《國語》可知。其證五也。楚左史倚相能讀《三墳》《五典》《八索》《九邱》，此書北人均未及見。《尚書序》所言不足據。其證六也。凡此諸端，均足證秦漢以前，南北文化有異也。夫南北文化，既非同源，則其見於文學者，自亦昭然有別。北方文學側重實際，南方文學側重想像，此以《詩經》《楚辭》相較，顯而易見者也。因是北人多言理之作，南人多寫情之辭，此證之古籍，逐處多然者矣。又啓蟄而郊，龍見而雩。郊爲祈農之祀，雩則爲百穀祈膏雨也。蓋四月不雨，則旱災已成，百穀無望。故雩者吁也，吁嗟哭泣以求雨也。始殺而嘗，閉蟄而烝。建酉之月，嘉穀始熟；建亥之月，萬物皆成。故告祭宗廟，以樂有年也。<small>參看《左傳·桓公五年》及《禮記·月令》</small>。《詩·豳風·七月》曰："春日遲遲，采蘩祁祁，女心傷悲。"又曰："九月肅霜。十月滌場。朋酒斯饗，曰殺羔羊。躋彼公堂，稱彼兕觥，萬壽無疆。"北人悲春喜秋，於此可證。至於南方，則水旱災少，饑饉無虞。故見桃李向榮，則蕩志娛樂；視百卉凋枯，則感傷遲暮。《楚辭·九辯》曰"悲哉！秋之爲氣也。蕭瑟兮，草木搖落而變衰"，"皇天平分四時兮，竊獨悲此凜秋"。《九章·思美人》曰："開春發歲兮，白日出之悠悠。吾將蕩志而娛樂兮，遵江夏而娛憂。攬大薄之芳茝兮，搴長洲之宿莽。惜吾不及古之人兮，吾誰與玩此芳草？"喜春悲秋，適與北人相反。此時序之感想，見於文學，微有不同者矣。至於《楚辭》草木鳥獸，與《詩經》異。修辭方法，與《詩經》異。章句長短，與《詩經》異。章節體式，與《詩經》異。兩句之中，率有代表音節之"兮、些"等字，與《詩經》異。此固判然有別者，不煩細論矣。凡此諸端，均足證南北文學，非出一源也。

或曰：南北文學之異，乃地理之影響耳。《楚辭》之作，後於《詩經》，昔人固以屈、宋爲繼三百篇之作者矣。焉得謂其爲二源乎。應之曰：春秋以後，南北交通漸繁，文化漸形混合，此固不容掩諱者。《離騷》上陳唐虞三后之盛，下序桀紂羿澆之敗，謂"非義不用，非善不服"。固近於儒家之思想矣。然因此遂謂南北文學，同爲一源，則似非弘通之論。何則？南方文學，自成一系，固有舊文可證也。老莊書中，恒見韻語，雖與《楚辭》有別，亦自有相似者在。《九辯》之名，見於《離騷》。宋玉所作，不過沿襲古題，非創始者也。《九歌》之名，亦見《騷經》。見存十一篇，雖題屈原，昔人謂爲南郢祀神之舊曲，屈原不過更定其辭，去其褻慢淫荒之雜耳，朱熹語，見前。非自靈均始有也。楚狂《鳳兮》之歌，與《楚辭》相類，惟音調差短。然因此更可證南方文學之音節，由短而長，自有其進化史也。孺子《滄浪》之歌，體式全同《楚辭》。其文自《漁父》篇外，雖更見於北人孟軻之書，然滄浪之水，爲漢水下流，先儒已有定說。其爲南方謠諺，更何疑乎？《說苑》載《越人歌》，《吳越春秋》載《漁父歌》，亦皆與《楚辭》同體。《史記‧滑稽列傳》載優孟歌孫叔敖事，先於屈、宋，亦南土之舊音也。其他例證，不遑枚舉。即此已足證南方文學，自成統系。屈、宋之前，已有舊文。其蔚爲辭賦之祖，實非偶然。孫卿有言：「好書者衆矣，而倉頡獨傳者壹也。好稼者衆矣，而后稷獨傳者壹也。好樂者衆矣，而夔獨傳者壹也。好義者衆矣，而舜獨傳者壹也。」《荀子‧解蔽》篇。壹者何？「壹於其道，異術不能亂之」也。楊倞注。然則屈原、宋玉之於騷賦，亦如倉頡、后稷、夔、舜之於書、稼、樂、義；集南方文學之大成，成辭賦之專家耳。然因此南方舊文，遂爲二子所掩，竟多湮沒不傳，可慨也已。當考中國文化之形成二源。其故亦非一端；而其要則大別山脈爲之也。蓋古代交通之術不精，峻山巨水，每足阻人往來。故其時山隈水曲，常成爲部落文化。鄰國相望，無融合之機緣也。然高山大河，雖均足爲文化交通之阻；而渡河較易，越山則較難。何則？河流縱暴，架舟可以幸渡；山崖壁立，乘車未敢輕越。山之限人，今世猶然。印度之與西藏，東南諸省之與陝甘新疆，其明證矣。惟此之故，故中國古代北部之河西文化，至周初即逾河而東，與河東文化，漸形融會。而大別山南北，黃河長江兩流域之思想，直至春秋時代，猶時見衝突。觀孔子之見笑於楚狂接輿，受譏於荷蓧丈人、長沮、桀溺等，可想見矣。《論語》。更觀季札觀樂於魯，深諳北方詩樂。《左傳‧襄公二十九年》。可知季札雖爲南人，因吳與中國之間，無大山之阻，故交通較易；而文化之混合，反較楚爲早也。然南北思想之衝突，至春秋以後，即漸行減滅。蓋其時楚國疆域，已越大別而北，真與韓、魏相接。南北交通，較昔爲便，兩方文化，漸趨融會。是以陳良楚産，北學中國，北方學者，未之能先。陳仲子，齊之世家，其思想行爲，直類南人。《孟子》。孫卿本爲趙人，南游於楚，甚見敬禮，不似接輿等之於孔子。至其所爲《成相》《賦》篇，已與北方文體小異，則受楚人影響矣。於此蓋益知南北文學，初非同源，至戰國始相混合。孫卿之能辭賦，猶之《離騷》中之有儒家思想也。

或曰：苟如所論，戰國南方文學，可謂盛矣。而北方文學，自三百篇後，繼作絕少。何南北不相侔乎？應之曰：北方文學，側重實際，此已不甚合文學原理矣。夫文學半爲娛生之物，故每藉謬悠之説，荒唐之言，無端崖之辭，以發揮之。此則尋諸《楚辭》，觸處多然；而檢之《詩經》，則所見絕少者也。兼之儒家主雅樂，放淫辭。鄭衛之詩，屢見詆斥。三百篇中，惟鄭衛之詩，極合文學原理，余別有説。而當時儒家勢力之大，實足以左右北方諸國。其文學主張，止於“辭達”。孔門列文學之科者，有子游、子夏二人。子游爲明禮之士，子夏爲傳經之師，均無歌咏見于後世。足見儒家學説，不適於言文學也。去此以往，法家言治術，明法理，去文學遠甚。縱橫家雖明修辭之方，然止施於口舌，故仍無文學可言。墨家節用非樂，以自苦爲極，去文學更遠矣。嘗謂周末諸子所以多言政術者，其中亦有故焉。蓋春秋以後，韓魏力政，燕趙任權，干戈日尋，民生益苦。非言政術，不足理國拯亂，應世之急，故無暇致力文學。此當時文學，所以除少數歌謠外，無足稱也。或曰，戰國南方文學，何以獨盛乎。曰：楚自春秋以來，文治武功，不遺餘力。人才日盛，疆土日闢。東盡於海，西至川東，北與韓、魏相接，南連兩廣閩越。其版圖之大，實據長江流域之大半，且及於珠江流域，併北方諸國而上之。方城爲城，漢水爲池，進戰退守，綽有餘裕。與北方諸國之力政任權，猶不足以自存者，實不可同日而語。此南人所以有餘暇致力於文學也。不惟此也，黃河流域，氣候較寒，物產較少。人民終歲勤勞，猶懼不獲飽暖。故其思想恒囿於生活問題，而不暇及他。至長江流域，則柳暗花明，山青水碧，天產物豐，生事易謀。故其人民於謀生之餘，時作遐想，衣食之事，無容心焉。彼見沅湘無波，江水安流，木蘭墜露，秋菊落英，舉凡事事物物，均足啓其情思，吟於口舌，著之竹帛，而文學於是乎在。此南方文學所以獨盛也。節錄舊著《中國文學二源論》。洪亮吉有《春秋時楚國人文最盛論》一篇，可參看。

十四、詩之分類

劉勰稱："成帝品録三百餘篇，朝章國采，亦云周備。"《文心雕龍·明詩》篇。章炳麟謂："漢世樂府，《七略》録爲歌詩。上自郊祀，下訖里巷猷趣，皆見罔羅。"《國故論衡·辨詩》。然則西漢有名之詩歌，殆盡於三百之數矣。詳劉、班析賦爲四種，而詩獨混爲一録，蓋以篇數既少，不足類分也。今尋二十八家，似可别爲以下數種：

一　有主名詩

高祖歌詩二篇

臨江王及愁思節士歌詩四篇

李夫人及幸貴人歌詩三篇

詔賜中山靖王子噲及孺子妾冰未央材人歌詩四篇

黃門倡車忠等歌詩十五篇

雜各有主名歌詩十篇

二　祭祀之詩

泰一雜甘泉壽宮歌詩十四篇

宗廟歌詩五篇

諸神歌詩三篇

送迎靈頌歌詩三篇

三　各地風謡

吳楚汝南歌詩十五篇

燕代謳雁門雲中隴西歌詩九篇

邯鄲河間歌詩四篇

齊鄭歌詩四篇

淮南歌詩四篇

左馮翊秦歌詩三篇

京兆尹秦歌詩五篇

河東蒲反歌詩一篇

雒陽歌詩四篇

河南周歌詩七篇

河南周歌聲曲折七篇

周謠歌詩七十五篇

周謠歌詩聲曲折七十五篇

周歌詩二篇

南郡歌詩五篇

四　雜詩

漢興以來兵所誅滅歌詩十四篇

出行巡狩及游歌詩十篇

雜歌詩九篇

　　章學誠曰：“詩歌一門，雜亂無叙，如《吳楚汝南歌詩》《燕代
謳》《齊鄭歌詩》之類，風之屬也。《出行巡狩及游歌詩》與《漢興
以來兵所誅滅歌詩》，雅之屬也。《宗廟歌詩》《諸神歌詩》《送迎
靈頌歌詩》，頌之屬也。不爲詮次類别，六義之遺法蕩然不可踪
迹矣。”《校讎通義》卷三《漢志詩賦十五之十》。顧實《講疏》，附和章氏，與
鄙見小有出入，亦可備一説也。

十五、餘論

上述而外，吾人若以統計法求之，而詩賦兩體盛衰之情形，亦可於此中窺見。賦爲四種，詩僅一類。賦爲七十八家，詩僅二十八家，約當賦家三分之一。賦千零四篇，詩三百十四篇，不及賦篇三分之一。是則漢世文辭，賦爲最盛。焦循欲自楚騷以下，至明八股，撰爲一集，於漢專取其賦，不愧識者矣。《易餘籥錄》。辭賦之道，與故訓相儷。非師傳不能析其辭，非博學不能綜其理。後漢以來，小學轉疏，字有恒檢，自不適於爲賦。故魏晋以下，詩歌騰涌，賦篇漸少，此人所共見矣。觀賦七十八家，今存者不過十六家，僅五分之一。詩二十八家，今雖不能定其存亡之確數，大抵當在二分一以上。賦千零四篇，今存者一百一十餘篇，約九分之一。詩三百十四篇，今存者當在百篇左右，約當三分之一。省其存亡比較之數，亦足驗後世取舍之情矣。前論屈、陸、孫三家之作，以屈爲最善。故屈在後世，影響獨大，觀屈賦二十家，今尚存十三家。陸賦二十一家，今存者僅二家。孫賦二十五家，今僅存一家。雜賦十二家，今無存者。屈賦三百六十一篇，今存九十餘篇，約四分之一。陸賦二百七十四篇，今存十三篇，約二十一分之一。孫賦百三十六篇，今僅存十篇，不及十三分之一。雜賦二百三十三篇，今無存者。省其存亡比較之數，亦足見其影響之大小矣。《國故論衡・辨詩》篇曰："言賦者多本屈原。漢世自賈生《惜誓》，上接《楚辭》，《鵩鳥》亦方物《卜居》。而相如《大人賦》，自《遠游》流變。枚乘又以《大招》《招魂》，散爲《七發》。其後漢武帝悼李夫人，班婕妤自悼，外及淮南、東方朔、劉向之倫，未有出屈、宋、唐、景外者也。孫卿五賦，寫物效情。《蠶》《箴》諸篇，與屈原《橘頌》異狀。其後《鸚鵡》《鷦鷯》，時有方物。及宋世《雪》《月》《舞鶴》《赭白馬》諸賦效焉。《洞簫》《長笛》《琴》《笙》之屬，宜法孫卿，其辭義咸不類。徐幹有《玄猿》《漏卮》《團扇》《橘賦》諸篇，雜書徵引，時見一端，然勿能得全賦。大氐孫卿之體微矣。陸賈賦不可得從迹。"太炎之言，得其實矣。

漢志辭賦存目考

朱保雄　撰

李學玲　整理

底本：《清华中国文学会月刊》，第 1 卷 3 号，1931 年

漢志辭賦存目

屈原賦

宋玉賦

莊夫子賦

賈誼賦

枚乘賦

司馬相如賦

淮南王賦

淮南王群臣賦

上所自造賦　　師古曰："武帝也。"

劉向賦

王褒賦

　右賦十一家，以上屈賦之屬。

楊雄賦

司馬遷賦

　右賦二家，以上陸賦之屬。

孫卿賦

　右賦一家，以上孫賦之屬。

屈原賦二十五篇

《漢志》載《屈原賦》二十五篇,然今《楚辭》之中究竟某二十五篇爲屈原所作耶? 此問題頗爲複雜,前人論斷之病,惟在拘泥于《漢志》;無論此損彼益,人捨我取,削足適履,必求有以當二十五篇之數。今特重爲考定,旁采衆説,斷以己意,凡真僞莫辨之篇則存疑焉。

《離騷》一篇,《天問》一篇,《招魂》一篇,《哀郢》一篇,即今《九章》之一。見于《史記·屈原列傳》贊:"余讀《離騷》《天問》《招魂》《哀郢》,悲其志。"凡此數篇,至少經司馬遷明認爲屈原之作無疑。《招魂》,王逸指爲宋玉作,《文選》亦同,後人因篇名《招魂》,且中有"魂魄離散,汝筮予之"語,遂謂必屈原死後後人追悼之作,因嫁名宋玉。謂宜從《史記》以本篇還諸屈原。

《九章》九篇,《惜誦》一篇,《涉江》一篇,《哀郢》一篇,《抽思》一篇,《思美人》一篇,《橘頌》一篇,《悲回風》一篇,《懷沙》一篇,凡八篇,更加《惜往日》一篇爲九章。《惜往日》一篇文氣拖沓靡弱,疑後世以備九章之數。"九章"之稱,起源甚晚:《哀郢》,今《九章》之一也,司馬遷以之與《離騷》《天問》《招魂》並舉,認爲獨立之一篇;《懷沙》,亦今《九章》之一也,本傳全録其文,稱爲"懷沙之賦";是太史公當時固未有"九章"稱也。《漢書·楊雄傳》稱雄"又旁《惜誦》以下至《懷沙》一卷,名曰《畔牢愁》"。其不言"九章"而曰《惜誦》以下至《懷沙》一卷者,是當時亦未有九章之稱也。直至王逸作《楚辭章句》,已有此名。竊疑命名之義,當亦摹擬《九辯》《九歌》而起,其發生,至遲當在東漢之初。

《九歌》十一篇:《東皇太一》一篇,《雲中君》一篇,《湘君》一篇,《湘夫人》一篇,《大司命》一篇,《少司命》一篇,《東君》一篇,《河伯》一篇,《山鬼》一篇,《國殤》一篇,《禮魂》一篇。
《禮魂》僅有五句,似不能獨立成篇,前人因求當《漢志》屈賦
篇數,故不惜將《九歌》任意伸縮,或作九篇,或作十篇,或作
十一篇,作九篇者又有二説,其實皆無當于事也。王逸以
《九歌》爲屈原作,朱熹則云:"蠻荆陋俗,詞即鄙俚,而其陰
陽人鬼之間,又或不能無褻慢荒淫雜。原既放逐,見而感
之,故頗更定其詞,去其泰甚。"似有經屈原删改或潤色之
意。《九歌》内容,大別之不出二類:一爲祭祀鬼神之歌,
《東皇太一》《雲中君》《東君》《國殤》《禮魂》屬之。一爲人神
間戀歌,《湘君》《湘夫人》《大司命》《少司命》《議伯》《山鬼》
屬之。其句法與《離騷》《九章》不同:《離騷》《九章》多爲以
六字或七字句爲原則,間句用"兮"字,而殿在句末;《九歌》
多以五字或六字句爲原則,每句用"兮"字而夾在句中,故
《九歌》似爲《楚辭》較早之作品。又屈原其他各篇篇末多有
"亂辭"或"少歌"或"倡"而《九歌》獨無;篇幅修短,亦不相
同。游國恩据《國殤》"操吳戈兮犀甲,車錯轂兮短兵接",
"左驂殪兮右刃傷,霾兩輪兮縶四馬"語,知當時尚用車戰。
惟戰國之世,已盛行騎戰,其爲屈原以前作品,顯而易見。
如是則《九歌》爲《楚辭》不祧之宗矣。

《遠游》一篇,其中辭句,一部分襲自《離騷》,一部分又與司
馬相如《大人賦》相雷同。文中多黄老思想,論神仙方士之
術甚詳,其非屈原自作無疑。且其出世,最早亦不出兩漢
以前。

《大招》一篇,當即"大招魂"而作。作者爲誰,在王逸當時已
"疑不能明",或云屈原,"或曰景差"。其中歷叙各國服食音
樂歌舞,將楚國與鄭、衛、秦、吳並稱,知其固非楚産。《招
魂》作者雖同一歷叙,然不稱楚也。篇中有"青色直眉"語,

《禮記·禮器》：“或素或青，夏造商因。”鄭康成注云：[①]“變白黑言素青者，秦二世時，趙高欲作亂，故或以青爲黑，黑爲黄，民言從之，至今語猶存也。”《禮記》出於漢人之手，故謂黑爲青，若《大招》爲戰國時屈原作，安能預知秦以後語邪？通篇摹擬《招魂》，其辭靡弱不足觀。

《卜居》《漁父》二篇，以韵文爲賦，已不類當時産物，而起首直稱：“屈原既放”，明明係第三人筆。且古代名字之別甚嚴，《史記》本傳稱屈原名平，則原爲字可知。古人自稱，多以名而不以字，即如上官大夫譖屈原于楚懷王，亦稱“每一令出，平伐其功”，而不稱“原伐其功”也。故除《史記·屈原列傳贊》列入諸以外，均有僞作之嫌疑。然則屈原作品，亦云微矣。

宋玉賦十六篇

《漢志》載宋玉篇賦十六篇。今世所傳，其見于《楚辭》者，有《九辨》九篇。《楚辭》中凡《九歌》，《九歎》劉向作，《九懷》王褒作，《九思》王逸作，俱分作九章，各自標目，惟宋玉《九辨》，獨無分題，因之篇數多少，亦無一定。洪興祖《補註》分爲十章，朱熹《集注》分爲九章，楊慎又斥其不識“九”字命義。其實《九辨》分篇，祇能以其文義與用韵起訖爲標準，但求論意義則文從字順，按用韵則適可而止，各不牽強。朱、洪以後更有分作十一章者；又有亦分作九章，而起訖與洪説不同者。楚固失之，齊亦未爲得也。今將洪、朱二本不同之點，列表如下：

---

① “成”，原作“度”，據《四部叢刊》影印宋本《禮記》及上下文意改。

洪本	朱本
（一）（二）（三）（四）同	（一）（二）（三）（四）同
（五）"何時俗之工巧兮"——"信未達乎從容"	（五）"何時俗之工巧兮"——"馮鬱鬱其何極"
（六）"竊美申包胥之氣盛兮"——"恐溘死不得見乎陽春"	（六）"霜露慘悽而交下兮"——"恐溘死不得見乎陽春"
（七）同	（七）同
（八）"何氾濫之浮雲兮"——"亦多端而膠加"	（八）"何氾濫之浮雲兮"——"下暗漠而無光"
（九）"被荷裯之晏晏兮"——"妬被離而彰之"	（九）"堯舜皆有所舉任兮"——"還及君之無恙"
（十）"顧賜不肖之軀而別離兮"——"還及君之無恙"	

朱子將洪本等五章，"霜露慘悽而交下兮"句起，強分爲二，以合于第六章，殊覺欠妥；但將洪本最後第八、第九、第十，三章合而爲二，頗爲順當。總之，《九辨》章數，雖各各不同，分法亦至不一，惟當作一篇，似嫌籠統；分作十篇或十一篇，未免立異。既爲摹擬《九歌》所作，理應盡作九篇爲得。起首五章，又見于《文選》。

又有《招魂》一篇，見于《楚辭》，王逸曰："招魂者，宋玉之所作也。"《文選》亦同。謂宜從《史記》以本篇還諸屈原，説見上。

宋玉賦之見於《文選》者，有《風賦》一篇，《高唐賦》一篇，《神女賦》一篇，《登徒子好色賦》一篇，共四篇。其見于《古文苑》者，有《笛賦》一篇，《大言賦》一篇，《小言賦》一篇，《諷賦》一篇，《釣賦》一篇，《舞賦》一篇，共六篇。自《風賦》以下，俱爲僞作之嫌疑。

一爲稱謂之可疑。如《風賦》，"楚襄王游于蘭台之宮，宋玉、景差侍”,《高唐賦》“昔者楚襄王與宋玉游于雲夢之臺,望高唐之觀”,《神女賦》,“楚襄王與宋玉游于雲夢之浦,使宋玉賦高唐之事”,《登徒子好色賦》,“大夫登徒子侍于楚襄王,短宋玉曰”,《大言賦》“楚襄王與唐勒、景差、宋玉游于陽雲之臺”,《小言賦》,“楚襄王既登陽雲之臺,令諸大夫景差、唐勒、宋玉等並造《大言賦》”,《諷賦》,“楚襄王時,宋玉歸休,唐勒讒之于玉”,《釣賦》,“宋玉與登徒子偕受釣于玄洲,止,而並見于楚襄”。宋玉以楚人仕楚,以本朝人臣稱本朝君主,應無須在諡法上再加國名,稱曰楚襄。此例甚多,如:楊雄《甘泉賦》序,“孝成帝時,客有薦雄文似相如者”,《羽獵賦》序,“孝成帝時羽獵,雄從”,稱孝成而不稱漢也。① 王延壽《魯靈光殿賦》序,“魯靈光殿者,蓋景帝程姬之子恭王餘所立也”,固稱景帝恭王而不稱漢也。班固《兩都賦》中亦單稱“孝文”“孝宣”而不稱漢也。《詩經》中稱文王、武王之處,均不稱國名也。如宋玉《高唐賦》之直稱:“昔者楚襄王與宋玉……”與《卜居》《漁父》之首稱“屈原既放”,皆顯係第三人口吻矣。故清崔東壁云:“周庾信爲《枯樹賦》,稱殷仲文爲東陽太守,其篇末‘桓大司馬聞而歎曰……’云云。仲文爲東陽時,桓温之死久矣,然則是賦作者托古以暢其言,固不計其年世之符否也。謝惠連之《賦雪》也,托之相如;謝莊之《賦月》也,托之曹植;是知假托成文,乃詞人之常事。然則《卜居》《漁父》必非屈原之所自作,《神女》《登徒》亦必非宋玉之所自作,明矣。但惠連、莊、信其時近,其作者之名傳,則人皆知之;《卜居》《神女》之賦其時遠,其作者之名不傳,則遂以爲屈原、宋玉之所作耳。”《考古續說》卷下《觀書餘論》。

---

① “稱孝成而不稱漢也”,原作“不稱孝文而不稱漢也”,據上下文意改。

二爲文體之可疑。荀卿《賦》篇，後附《佹詩》，是詩賦本未相離，而賦名亦未單稱也，如不稱"禮賦""雲賦"。至其形式，則四言爲多，不出《詩經》之體裁，而"騷賦"無聞焉。漢世自賈誼上接《楚辭》，始有賦稱。賈誼本爲荀卿再傳弟子，且處境極與屈原相同，又謫居于屈原自沈之鄉，於是遂合荀卿、屈原二家之流，以爲楚辭漢賦之過渡。如其《弔屈原賦》，已用騷體；然删其"兮"字，則固仍荀卿之屬也。沿及司馬相如、楊雄輩，遂散楚辭爲辭賦，以有韵之文爲賦。而楚辭《卜居》《漁父》、宋玉之賦，一若已開文賦之先。依文學史演進之程序而言，此類文體，似非戰國當時産物。否則東漢以前，何竟無人述及，見之記載，而在當時亦未發生絲毫影響，見之賦體耶？

《高唐賦》最早當先于東漢傅毅之《舞賦》。傅毅《舞賦》，見于《文選》；宋玉《舞賦》，見于《古苑》。傅毅當時，《高唐賦》固猶未誤認爲宋玉所作也，故毅欲以《舞賦》續《高唐》。又孰知後人遂據其序文節鈔以成宋玉之《舞賦》邪？

《神女賦》見于曹植《洛神賦》序："黄初三年，余朝京師，還濟洛川。古人有言，斯水之神，名曰宓妃，感宋玉對楚王神女之事，遂作斯賦。"又見孟康《漢書·司馬相如傳》注。又阮籍《咏懷詩》，"三楚多秀士，朝雲進荒淫"，江淹《雜體詩》，"朝雲乘變化，光耀世所希"，當亦指此而言。然亦未明認《神女賦》爲宋玉所自作也。

《登徒子好色賦》最初亦見于阮籍《咏懷》，"傾城迷下蔡"當即指此而言。

《風賦》有晉湛方生、陸冲、李元冲、王凝之等擬作。

《小言賦》，與晉傅咸《小語賦》一屈，内容相同；咸作亦托諸楚襄王、景差、唐勒、宋玉之徒者。梁昭明太子《大言》《細言》二詩,沈約等俱應命作此。

《諷賦》,謝靈運《雪賦》謂"楚謡以幽蘭儷曲",當亦指此。

《釣賦》,見于《文心雕龍・詮賦》篇:"于是荀況《禮》《智》,①宋玉《風》《釣》,爰錫名號,與詩別境。"②

《笛賦》,見《文選》二十九李善注引。

而最後六賦,又出自可靠性極少之《古文苑》,令人安得不疑? 故張惠言以爲"皆五代宋人聚斂假托爲之"。至各賦起首及謀篇結構之相同,幾如千篇一例。論人物則不出乎楚襄王、景差、唐勒、宋玉之徒,論地方則不出乎雲夢、高唐、陽雲等處,勦襲之迹,至爲顯然。《漢志》僅載宋玉賦十六篇,倘依所見號稱宋玉之作而論,則已溢出此數矣,令人安得不疑?

莊夫子賦二十四篇

名忌,會稽吳人,時人尊稱爲"夫子"。東漢時避明帝諱改莊爲嚴,故又名嚴忌。

殘,僅存《哀時命》一篇,見于《楚辭》。

賈誼賦七篇

《漢志》載賈誼賦七篇,今見存者,有出於《史》《漢》賈誼本傳之《鵩鳥賦》一作《鵩賦》,又見《文選》、《藝文類聚》九十二。一篇,《弔屈原賦》一篇。一作《弔屈原文》,又見《文選》、《藝文類聚》四十,《史》《漢》賈誼傳俱載此文,題稱爲"賦";惟《文選》一作《弔屈原文》,循名核實,似作賦稱爲勝。又有《惜誓》一篇,見于《楚辭》,王逸曰:"不知誰所作也。或曰賈誼……"則知《惜誓》是否爲誼所作,在王逸當時已不能斷定。自後洪興祖、王船山俱以爲誼作無疑,蓋《惜誓》文意與《弔屈原賦》相吻合,似出一手。且誼與屈原處境相同,又謫居于屈原自沈之鄉,觸景

---

① "智",原作"和",據《四部叢刊》影印明嘉靖刻本《文心雕龍》改。

② "別",《四部叢刊》影印明嘉靖刊本《文心雕龍》作"畫"。

生情，數年之間一弔再弔，非不可能。而賈誼爲楚辭至漢賦過渡時代之作家，此作尤含彼莫屬，故將《惜誓》斷爲賈誼之作，似較可信。又有《旱賦》一篇，見于《古文苑》，真僞莫辨。又有《簴賦》一篇，殘闕不全，引見《藝文類聚》四十四、《初學記》十六、《太平御覽》五百八十二。共見五篇，餘佚。

枚乘賦九篇

殘。存《七發》一篇，見于《文選》。

存《梁王菟園賦》一篇，見于《古文苑》《藝文類聚》六十五。案，是賦文字，錯脱幾不可句讀，最近由黃季剛先生重爲釐正。《文心雕龍·詮賦》篇云：“枚乘《菟園》，舉要以會新。”

《柳賦》一篇，見于《西京雜記》。

《臨灞池遠訣賦》，有目無文，引見《文選》謝朓《休沐重還道中詩》注，又王粲《七哀詩》注。

司馬相如賦二十九篇

《漢志》載司馬相如賦二十九篇，今世所見，其完整無缺者，僅得五篇。其見于《史》《漢》本傳者，有《子虛上林賦》一篇，又見《文選》、《藝文類聚》六十六，《文選》分《子虛》《上林》爲二篇，“亡是公”以下爲《上林賦》。《哀秦二世賦》一篇，又見《藝文類聚》四十。《大人賦》一篇，又見《藝文類聚》七十八。

《大人賦》結構，詞句，類多與《楚辭·遠游》雷同。係《大人賦》襲自《遠游》，抑《遠游》襲自《大人賦》，疑不能決，惟大、小戴兩《禮記》，文亦多與《荀子》相同。凡此皆當認爲《禮記》襲《荀子》，不能謂《荀子》襲《禮記》；《大人賦》蓋采《遠游》，不能謂《遠游》襲《大人賦》也。

又有《長門賦》一篇，見于《文選》，又見《藝文類聚》三十，此賦相傳有本事傳誦至今。《文選》賦前序云：“孝武皇帝陳皇后，時得幸，頗妒。別在長門宮，愁悶悲思。聞蜀郡成都司馬相

如，天下工爲文，奉黃金百斤，爲相如、文君取酒，因于解悲愁
之辭。而相如爲文以悟主上，陳皇后復得親幸。"宋王楙《野
客叢書》亦云："作文受謝，非起于晋、宋。觀陳皇后失寵于漢
武帝，別在長門宫，聞司馬相如天下工爲文，奉黃金百斤爲文
君取酒；相如因爲文以悟主上，皇后復得幸。此風西漢已
然。"惟陳皇后復幸之事，不見于正史。《漢書·外戚傳》稱孝
武陳皇后擅寵驕貴十餘年而無子，聞衛子夫得幸，幾死者數
焉，上愈怒。后又挾婦人媚道，頗覺。元光五年，紀元前一三〇。
上遂窮治之……有司賜皇后策曰："皇后失序，惑于巫祝，不
可以承天命，其上璽綬。"罷，退居長門宫……後數年，廢后乃
薨。顧亭林以爲："《長門賦》乃後人托名之作。相如以元狩
五年紀元前一一八。卒，《史記》記集，在《司馬相如列傳》"司馬相如既卒"句下，
徐廣曰："元狩五年也。"安能言孝武皇帝哉！"序中云云，正如馬融
《長笛賦》所謂屈原適樂國，介推還受禄，俳諧之文，本無其事
也。賦序既非出自相如，賦文又不敢必。盖西漢賦家，若楊
馬之流，咸能洞明字學，故相如作《凡將》篇而子雲亦作《方言》。故選詞
遣字，亦能古訓，所用古文奇字甚多，非明六書假借之用者不能通其辭也。
非淺學所能窺。而《長門賦》與《美人賦》見《古文苑》、《藝文類聚》十
八。文字詞藻，俱極通侻華靡，絶不類西漢當時作品。

《長門賦》《美人賦》俱不見録于《史》《漢》，而後者又出自傳受
不明，可靠性極少之《古文苑》，尤爲可疑。故張惠言以爲"恐
六朝人所擬"。且《美人賦》與宋玉之《登徒子好色》《諷賦》二
篇，勦襲之處，不一而足。大概《美人賦》既襲自《登徒子好色
賦》而《諷賦》又勦襲二者後矣。觀其勦襲痕迹之次序，即可
定其作品出世之先後矣。《西京雜記》稱相如之作《美人賦》，
盖爲文君而發，"文君眉色如望遠山，臉際常若芙蓉，肌膚如
脂。長卿素有消渴疾，作《美人賦》欲自制，卒以疾死。文君

爲誅，傳于世……"。恐亦後世所傅會，盛名之下，不無僞作。
即觀《西京雜記》稱："長安有慶虬之亦善爲賦，嘗爲《清思賦》，時人不知貴也；乃托爲相如所作，遂大見重于世。"即此亦可見一斑矣。

此外又有《賦梨》一篇引見《文選·魏都賦》劉逵注，僅存一句，又有《魚菹賦》一篇，引見《北堂書鈔》一百四十六；《梓桐山賦》引見《玉篇·石部》，俱有目無文，餘佚。

淮南王賦八十二篇

殘。存《屏風賦》一篇，見于《藝文類聚》六十九、《初學記》二十五、《太平御覽》七百○一。《熏籠賦》有目無文，見于劉向《別録》。

淮南王群臣賦四十四篇

《漢志》載《淮南王群臣賦》四十四篇，今僅存《招隱士》一篇，見于《楚辭》。王逸云："《招隱士》者，淮南小山之所作也。"則淮南小山爲《招隱士》之作者無疑。王逸又云："昔淮南王安博雅好古，招懷天下俊傑之士。自八公之徒，咸慕其義而歸其仁。各竭其才智，著作篇章，分造辭賦，以類相從。故或稱'小山'，或稱'大山'。其義猶《詩》有大雅、小雅也。"則"小山""大山"乃文章類別之稱，與上説相矛盾。惟高誘《淮南子序》云："初安爲辨達，善屬文……于是遂與蘇菲、李尚、左吳、甲尤、雷被、毛被、伍被、晋昌等八人，及諸儒大山、小山之徒共講論道德，總統仁義。"則大山、小山與雷被、毛被、伍被等八人並舉，俱爲人名無疑矣。惟以"小"爲姓，史傳罕見。當依王逸後説作爲文章類別之稱爲勝。然其命義，是否即猶《詩》之大雅、小雅，則不可考矣。

或曰《詩》之大雅、小雅，楚辭之"大山""小山"，俱爲文章類別之稱，其所謂"大""小"者，猶有"甲""乙"人分而已。猶《夢窗詞》

之有甲、乙、丙、丁四稿也。

上所自造賦二篇　顏師古曰："武帝也。"

《漢志》載漢武帝賦二篇，今存《傷悼李夫人賦》一篇，見于《漢書·外戚傳》；《秋風辭》一篇，見于《文選》。案，孫卿《賦》篇，末附《佹詩》，足見最初詩賦不分。武有《秋風辭》，足見最初辭賦不分。

劉向賦三十三篇

殘。存《九歎》九篇，見于《楚辭》。《請雨華山賦》一篇，見于《古文苑》。案，此賦多脱誤無從校正。《雅琴賦》《圍碁賦》見《文選》注引。

王襃賦十六篇

殘。存《九懷》九篇，見于《楚辭》。存《洞簫賦》一篇，見于《文選》。《文心雕龍·詮賦》篇，"子淵洞簫，窮變于聲貌"。

楊雄賦十二篇

《漢志·詩賦略》陸賦之屬載《楊雄賦》十二篇。《漢書》本傳稱"先是時，蜀有司馬相如，作賦甚弘温雅，雄心壯之，每作賦常擬之以爲式"，案，司馬相如賦，《漢志》列入屈賦之屬，而楊雄賦列入陸賦之屬，殊不可解。故章太炎以爲，楊雄賦本擬相如，與屈原同次，班生以楊雄賦隸陸賈下，盖誤也"。《國故論衡·辨詩》篇。

《楊雄賦》之見録于《漢書》本傳者，有《反離騷》一篇，又見《藝文類聚》五十六、《初學記》卷六。傳云，雄"又怪屈原文過相如，"至"而主"二字之誤。不容，作《離騷》，自投江而死，悲其文，讀之未嘗不流涕也。以爲君子得時則大行，不得時則龍蛇；遇不遇命也，何必湛身哉！乃作書往往摭《騷》文而反之，自崏山投之江流，以弔屈原，名曰《反離騷》。又旁《離騷》作重一篇，名曰《廣騷》。又旁《惜誦》下以至《懷沙》一卷，名曰《畔牢愁》。《畔牢愁》《廣騷》，文多不載，獨載《反離騷》"。則《反離騷》《廣騷》《畔牢愁》三題，似當作獨立三篇摹擬《楚辭》之作，其所以獨載《反離騷》者，蓋其餘二篇文字太多，故本傳不載也；亦可謂二文多不見録于世，故本傳不載也。惟《反離騷》据《文選》陸機《弔魏武帝文》注引，題作《釋愁》疑即與《畔牢愁》爲一篇而異題之作；又《漢書》本傳贊稱楊雄以爲"賦莫深于《離騷》"，故"反而廣之"。然則"反""廣"即一義也，故嚴可均以爲"《廣騷》《畔牢愁》僅見篇名，似即《反離》之子目"也。

又有《甘泉賦》一篇。《漢書》本傳、《文選》、《藝文類聚》三十九。又有《河東賦》一篇。《漢書》本傳、《藝文類聚》三十九。又有《校（羽）臘賦》一篇。《漢書》本傳、《文選》、《藝文類聚》六十六。又有《長楊賦》一篇。《漢書》本傳、《文選》。又有《酒賦》一篇。《漢書·游俠·陳遵傳》題作"酒箴"，《御覽》引《漢書》作"酒賦"。各書多作"酒賦"，惟《北堂書鈔》作"都酒賦"。都酒者，酒器名也，嚴可均以爲驗文當以"都酒"爲長。又有《蜀都賦》一篇、《文選》、《古文苑》、《藝文類聚》六十一。《太玄賦》、《古文苑》。《逐貧賦》。《古文苑》、《藝文類聚》三十五、《初學記》十八。

此外本傳又有《解嘲》《解難》二篇，嚴可均以爲据《説文》引《解嘲》"響若岺隤"。《漢書》龔疇云：按《説文》，巴蜀名岸脅之旁著欲落墒者曰氏。氏崩聞數百里。引《楊雄賦》"響若岺隤"，注云，承紙切。然則"岺"當作"氏"。謂之賦，則視《漢志》云其一篇。章太炎亦云："武帝以後，宗室削弱，藩臣無邦交之禮。縱橫既黜，然後退爲賦家，時有解散。故用之符命，即有《封禪》《典引》；用之自述，而《答客難》《解嘲》興；文辭之繁，賦之流爾也。"惟《解嘲》《解難》原出一體，《解嘲》既可稱賦，則《解難》似亦可列作賦之流爾矣。如是則《漢志》楊雄賦十二篇連《覆靈賦》殘篇，引見《文選》注、《太平御覽》。固完全無闕也。

司馬遷賦八篇

殘。僅存《悲士不遇賦》一篇，見于《藝文類聚》三十。

孫卿賦第十篇

《漢志·詩賦略》載孫卿賦十篇,《諸子略》儒家復載《孫卿子》三十三篇,顏師古曰:"本曰荀卿,避宣帝諱,故曰孫。"知劉向衰定《七略》時,兩書本各自別行也。《隋書·經籍志》集部別集類載《楚蘭陵令荀況集》一卷,而子部儒家類復載《孫卿子》十二卷,楚蘭陵令荀況撰。知當時兩書亦本各自別行也。乃今本則《賦》篇即在三十三篇中,而其賦又僅五首,《禮》《知》《雲》《蠶》《箴》合《佹詩》,凡六首。頗難索解。今案,《成相》篇純屬韵文文學,其格調絶類今之鼓兒詞,當亦賦之流亞。《隋志》"荀況集"下注云:"殘闕,梁二卷。"《隋志》本之阮孝緒《七録》;蓋《七録》題作二卷者,疑即謂《賦》篇一卷、《成相》篇一卷也。修《隋志》者不知《成相》亦爲賦體,徒見《禮》《知》《雲》《蠶》《箴》《佹詩》寥寥數首,斷乎不能分爲二卷,故遂疑爲殘闕爾。且《漢志》雜賦十二家,別有《成相雜辭》十一篇,知古代本有此體,而作者非獨荀卿矣。故知《漢志》所謂賦十篇者,實即指本書《成相》篇、《賦》篇合而言也。

今荀子《賦》篇:《禮》一篇。《知》一篇。《雲》一篇。《蠶》一篇。《箴》一篇。合五篇;惟《佹詩》或作一篇或作二篇,疑不能決。其所以分作二篇者。蓋《佹詩》篇末紿:"……與愚以疑,願聞'反辭'。其小歌也?念彼遠方,何其塞矣。仁人詘約,暴人衍矣。忠臣危殆,讒人服矣。"案,反辭當即《楚辭》中之亂詞也,辭中"矣"即"兮",此後各本均另起一行。與下文"琁玉瑶珠,不知佩也。雜布與錦,不知異也。閒娵子奢,莫之媒也。嫫母刁父,是之喜也。以盲爲明,以聾爲聰;[1]以危爲安,以吉爲凶。嗚呼上天,曷作其同"一段,意義句調不相連貫。故書中另起一行,以免

---

[1] "聰",原作"聘",據清《抱經堂叢書》本《荀子》改。

相混，原與《桅詩》毫無關係；蓋爲後人根據荀卿爲書謝春申君文見《戰國策》十七、《韓詩外傳》四；又見《韓非子·奸劫弒臣》篇，惟獨少末段。末段，"因爲賦曰……"，以綴錄於此者也。惟文字各書均略有不同，《戰國策》作"因爲賦曰：'寶珍隋珠，不知佩兮。褘布與絲，不知異兮。閭姝子奢，莫知媒兮。嫫母求之，又甚喜之兮。以瞽爲明，以聾爲聰！以是爲非，以吉爲凶。嗚呼上天，曷爲其同！'"。据湖北崇文書局刻本。《韓詩外傳》作："因爲賦曰：'璇玉際珠不知佩，雜布與錦不知異。閭娵子都莫之媒。嫫母力父是之喜。以盲爲明，以聾爲聰，以是爲非，以吉爲凶。嗚呼上天，曷維其同！'"据《學津討原》本。後人讀至"因爲賦曰"四字，遂斷然不疑，認爲與《桅詩》同爲賦體，隨手列之篇末，以求完備耳。故後世不察其故，遂將《桅詩》分作兩篇者，實誤也。

《賦》篇六首以外，《成相》篇之段落，亦有問題，依原本則自"論成相，世之殃"至"宗其賢良，辨孽殃"爲第一篇，自"請成相，道賢王"至"道古聖賢，基必張"爲第二篇，自"□□□，_{疑脱"？成相"三字。}願陳辭"至"托于成相以喻意"爲第三篇，自"請成相，言治方"至"後世法之成律貫"爲第四篇。惟依胡元儀説，第一篇自其中"凡成相，辨法方"以下分爲二篇，則溢出《漢志》十篇之數矣。

　　是稿《論屈原賦》一節，曾載《清華周刊》三十四卷第六期；因全篇不便割裂，故仍重載於此。閲者諒之。

編者

漢書藝文志講記

張舜徽　著

李學玲　整理

底本：《文藝校刊》,1935 年第 2 期頃爲高七班諸生，講授漢《藝文志》。因參稽漢、唐、清世諸儒之説，每一書已，輒揭櫫其必不可忽者數事，爲諸生言之。詔初學以入門之塗，故卑之無甚高論。成材之士，固無取於此也。爰就所語，因次成篇。

六藝略

易

一、《周易》得孔子之贊而傳爲經。

古有三《易》：今所傳者《周易》也。《周禮》："太卜掌三《易》之法：一曰《連山》，二曰《歸藏》，三曰《周易》。"鄭康成云："名曰《連山》，似山出内氣也。《歸藏》者，萬物莫不歸而藏於其中。《周易》者，言易道周普，無所不備。"見《周禮注》及《易贊》《易論》。蓋自孔子以前，《周易》與《連山》《歸藏》並稱，猶魯之《春秋》，與晋之《乘》，楚之《檮杌》並稱也。《周易》得孔子贊之，而傳爲經，《連山》《歸藏》不得孔子贊之，而遂亡；猶魯之《春秋》，得孔子修之而傳爲經，晋《乘》、楚《檮杌》不得孔子修之而遂亡也。

二、《易》之名義及異説之起。

《周易正義》第一論《易之三名》引鄭玄《易贊》及《易論》云："易一名而含三義：易簡一也，變易二也，不易三也。"所謂變易者，謂易道廣大，無所不包，順時變易，惟其所適。故後之言學者，旁及天文地理，樂律兵法，韻學算術，以逮方外之爐火，皆可援《易》以爲説，此易學之所以多歧也。

三、學《易》歸於致用，而不在乎圖書象數。

先聖作《易》，所以通神明之德，以類萬物之情，故其言皆至簡易而切於民用。六十四卦大象，皆有“君子以”字，聖人之意，見乎詞矣。孔子之學《易》，將以求無大過，故《十翼》之中，初無災變之説。至孟喜、京房出，則專言災異，入於機祥，有宋陳搏、邵雍諸儒之説起，則附以圖書，務窮造化；《易》遂不切於民用。雖然；此皆《易》之別傳，無關宏恉者也。

書

一、伏生傳《書》，乃壁藏而非口授。

《史》《漢》皆言秦時燔書，伏生壁藏之，漢興亡數十篇，即以其餘教于齊魯之間。劉歆《移太常博士書》亦云："《尚書》初出屋壁，朽折散絶"。然則伏生傳《書》，乃壁藏而非口授也。而孔安國《書大序》、陸德明《經典釋文》，乃云："伏生失其本經，口誦傳授。"衛宏《詔定古文官書叙》復云："伏生年老不能正言，使其女傳言教錯。"傳聞異辭，事近無稽，清儒戴震己力辨之。

二、伏生傳《書》，初祇二十八篇，而《泰誓》晚出。

《論衡·正説》篇云："孝宣皇帝之時，河内女子發老屋，得逸《禮》《易》《尚書》各一篇奏之，宣帝下示博士，《尚書》二十九篇始定。"劉歆《移太常博士書》稱《泰誓》後得，鄭康成《書論》亦曰民間得《泰誓》，是伏生所傳，初祇二十八篇也。《史記》稱二十九篇者，殆因是時已於伏生所傳内益以《泰誓》，共爲博士之業，不復別識言耳。班祖遷説，故亦稱二十九篇也。

三、東晉僞《古文》之出，及辨證之人。

孔安國嘗受詔爲《古文尚書》傳，遭巫蠱事，未列於學官，雖傳其學者不絶，然自永嘉之亂，典籍流亡，其書遂散逸不復行於世。郭璞注《爾雅》，引孔氏《尚書傳》語，然則孔傳真本，西晉諸儒尚及見之。江左中興，元帝時豫章内史梅賾，奏上孔傳《古文尚書》，增多二十五篇，是爲僞《古文尚書》，僞孔傳。唐孔穎達本之作《正義》，其書遂傳至今，辨其僞者：發自宋之吳棫、朱子，繼之者吳澄、元人。梅鷟。明人。逮乎清初，太原閻若璩出，作《古文尚書疏證》，列一百二十八條，一一陳其矛盾之故，《古文》之僞，於是大明，千古疑端，成爲定案矣。

四、晚出僞《書》，不可與孔壁古文相淆，而僞《書》亦不可廢。

前儒攻《古文尚書》之僞，乃指梅氏所上之僞本而言，非謂孔安國所傳之孔壁《書》也。東晉之古文自僞，兩漢之古文自真，此學者所當明識而分別觀之。若忽而不察，謂晚出《書》爲僞，且并壁中《書》而疑之，過矣。抑尤有進者：東晉所出之《書》，雖明知其僞，而究不可廢也。蓋其《書》自來疑爲王肅所作，其時未經永嘉之亂，古書多在，採摭綴緝，無一字無所本，訓詁名物，究賴之以有考，若以其僞而屏之，則《尚書》之學，益冥晦莫明矣。

詩

一、《詩》有四家，惟毛氏獨傳。

《詩》有四家：齊、魯、韓、毛是也。三家久廢，惟毛氏詩獨傳至今。《毛詩》者：出自魯人毛亨，亨故受業荀卿，作《詩故訓傳》，以授趙人毛萇，時人謂亨爲大毛公，萇爲小毛公，河間獻王好學，以小毛公爲博士，號所説詩曰《毛詩》，《毛詩》之名自此始。作《故訓傳》者毛亨，傳其學者毛萇，前儒已考證成定論矣。不可誤信《隋志》之言，以《詩傳》爲萇作也。

二、言《詩》須遵毛、鄭。

十三經中，惟《毛詩傳》最古，而最完好，其詁訓能委屈順經，不拘章句，曲暢詩人之旨，信乎其盡美盡善矣。故鄭玄箋《詩》，宗毛爲主，毛若隱略，則更表明，如有不同，即下己意。《正義》引《六藝論》語。《箋》與《傳》雖時有異同，然綜而觀之，不外申毛、補毛、訂毛三例也。二氏之書，相輔而行，不可偏廢，唐孔穎達本之以作《正義》，闡發益詳，學者所當守之。

三、異説起於宋人，而其餘波至於删經。

自漢世及於五代，説《詩》之家，未有不本毛、鄭者，至宋歐陽修作《詩本義》，始自立新意，不從毛、鄭。迨鄭樵作《詩辨妄》，恃其才辨，漸發難端，朱子和之，其説益衍。然朱子言《詩》，初宗毛義，後雖改從鄭樵之説，不過攻《小序》耳，至於《詩》中訓詁，用毛、鄭者居多，後儒不推其本，遂並毛、鄭而棄之，至程大昌作《詩論》，遂謂國風之名，出漢儒之附會；王柏作《詩疑》，乃至删削經文，更易篇目，變本加厲，益至於不可究詰矣。

四、《詩序》不必爭論爲何人作，而究不可廢《序》言《詩》。

　　《詩序》之説，紛於聚訟，尊之者推之毛公之前，而屬之子夏，疑之者抑之毛公之後，而屬之衛宏，其實皆無明文，何有徵據，故言之者十數家，而《詩序》作者終不能定爲何人。然今以《詩序》觀之，發端之語多簡略，而其下又複説其事以續之，則其非一世一人之作，固可考見。今學者固不必定爲孔子、子夏之舊文，尤不可視爲村野妄人之俗作。三家既亡，無有更古於《毛詩》者，即謂《序》出衛宏，亦在鄭君之前，非後人臆説可比，學者當尊崇爲古義，不必爭論爲何人也。若讀《詩》而不讀《序》，則必至無所據依，恣其臆説，是猶以指測河，不可以得之矣。

禮

一、漢立博士之《大》《小戴禮》，非今之《大》《小戴記》。

漢立十四博士，《禮》大、小戴，此所謂《禮》，乃大、小戴所受於后蒼之《禮》十七篇，非謂《大戴禮記》八十五篇，與《小戴禮記》四十九篇也。後世乃以《大》《小戴禮》爲《大》《小戴記》，並以后蒼《曲臺記》即今之《禮記》，誤矣。考班《志》及兩《儒林傳》，皆以高堂所傳十七篇，瑕邱蕭奮即以授后蒼作《曲臺記》，戴德、戴聖、慶普皆其弟子，則其淵源甚明，不容錯亂也。

二、兩戴於禮《古文記》，但所傳各異，而無删記之説。

《禮記正義》引鄭氏《六藝論》曰："戴德傳記八十五篇，戴聖傳記四十九篇。"則二戴之於禮《古文記》，但皆傳之，初無删記之説。而删之説，則昉於晋之陳邵，邵作《周禮論》云："戴德删《古禮》二百四篇爲八十五篇。謂之《大戴禮》。聖删《大戴禮》爲四十九篇，是爲《小戴禮》。"邵言已爲無據，《隋書·經籍志》又傅會謂劉向校經，第叙禮《古文記》共二百十四篇，戴德删爲八十五篇，聖又删德書爲四十六篇，馬融足《月令》《明堂位》《樂記》爲四十九篇。益紛擾無稽矣。二戴爲武、宣時人，豈能删哀、平間向、歆所校之書，必無其事甚明。故學者但當本鄭君之説，謂其所傳各異可也，不可誤信《隋志》之言，而必探其删併之迹。清儒如戴東原震。毛河西奇齡。諸人已力辨其妄，幾家喻户曉矣，學者所當知之。

三、鄭氏注《禮》之後，始有三禮之名。

鄭玄於《禮》經初治小戴之學，此言《儀禮》。後以古經校之，取其義長者，爲鄭氏學。又嘗從馬融受《周官經》，融作《周官傳》

授之，玄作《周官注》。其後復注小戴所傳《禮記》四十九篇，通爲三禮。三禮之名自此始。其書今皆存於世。

四、三禮惟《周官》傳授莫明，班《志》亦略而未言。

班《志》禮十三家有《周官經》六篇，《周官傳》四篇，而未言其所出。蓋此書於諸經之中，其出最晚，授受源流，本莫能明。《漢書・河間獻王傳》云：“獻王所得書，皆古文先秦舊書《周官》《尚書》《禮》《禮記》《孟子》《老子》之屬。”《經典叙録》復曰：“河間獻王時有李氏上《周官》五篇，失《事官》一篇，乃購千金不得，取《考工記》以補之。”《隋・經籍志》同。其源流之見於載籍者如是，學者所當奉之。不可循後儒謬説，疑此經於王莽時劉歆奏置博士，而遂謂爲劉歆之僞作也。

春秋

一、孔子以前即有《春秋》，自孔子勒定而傳爲經，左丘明益申明之。

春秋之目，原非一家，而其初皆出於三代。《史通・六家》篇語。孔子言屬辭比事，《春秋》之教，而次之《詩》《書》《樂》《易》《禮》諸經之下。見《經解》。晋羊舌肸習于《春秋》，悼公使傳其太子。見《國語》。韓宣子來聘，見《易象》與《魯春秋》曰周禮盡在魯矣。見《左傳》。然則《春秋》之作，其所由來者舊矣。孔子生衰周之末，應聘不遇，與魯君子左丘明觀書於太史氏，因魯史記成文，褒善黜惡，勒成十二公之書，以詔後世，而傳爲經，丘明論本事爲之傳，益申明其義。《史通・六家》篇云：“傳者轉也，轉受經旨以授後人。或曰傳者傳也，所以傳示來世也。”

二、《公》《穀》後《左氏》百餘年而作，至漢世始箸竹帛。

《左氏》傳世後百餘年，而有《公羊》《穀梁》之作。桓譚《新論》語。公羊名高，齊人；穀梁名赤，魯人；説者以二氏皆子夏門人，而親受經於子夏，其説然否，或有所本，今未可以質言也。然二氏之書，初皆口誦相傳，後乃箸之竹帛，率出弟子之手，而非本師之筆，固可考而知也。徐彦《公羊疏》引戴宏之説，稱子夏傳與公羊高，高家世其學，四傳至壽，漢景帝時，壽與弟子胡毋子都箸於竹帛。然則今所傳《公羊傳》，乃漢公羊壽所撰，而胡毋子都助成之也。穀梁之書，亦當爲傳其學者所作，但誰箸竹帛，頗不能明，考桓譚《新論》言魯人穀梁赤爲春秋，阮孝緒《七錄》則謂名俶字元始，班《志》顔注則云名喜，《論衡・案書》篇又稱穀梁寊，豈一人有四名乎？斯可疑之甚也。意者或如公羊之家世其學，而非一人也。名赤見《新論》爲最先，故後儒多從之，抑赤實傳《春秋》，至其三世始箸竹帛，仍稱《穀梁傳》；猶公羊高實傳《春秋》，至四世孫壽始箸竹帛，而仍曰《公羊傳》也。

三、《左氏》《公羊》，門户之見最厲。

《左氏》先箸竹帛，故漢時謂之古學；《公羊》漢世乃興，故謂之今學。見《公羊疏》。説經家之有門户，自《左氏》《公羊》始。相攻若仇，亦惟《左氏》《公羊》爲最甚。蓋二傳非特義説之異，即事實亦多不符，《左氏》以文宣爲父子，昭定爲兄弟；《公羊》以文宣爲兄弟，昭定爲父子。《左氏經》作君氏卒，以爲魯之聲子；《公羊經》作尹氏卒，以爲周之世卿。傳聞異辭，乖舛至此，不能並立，其勢然也。

四、疑《左氏》者，皆由不知古書之體例。

左丘明爲《春秋》作傳，漢魏以來，更無異議，至唐啖助始謂《左傳》非丘明作，宋元諸儒，相繼並起，葉夢得遂謂《左氏》紀事終於智伯，當爲六國時人。不知吾國經籍，傳世已久，四部之書，皆多後人續修之筆。如第取其一二可疑之事，遽欲論定其人，則孔子之經，初止獲麟，今其書及孔子卒，將謂《春秋》乃後人作乎？《史記·司馬相如傳》，載有揚雄之語，將謂司馬遷爲後漢人乎？百家之書，類此者尤衆，不可執一事而橫生疑議也。《左氏》載及智伯之事，謂爲後人所續可也，不必疑也。

論語

一、《論語》三家，惟《魯論》獨傳。

《論語》有三：今所行者，《魯論》也。次曰《齊論》；三曰《古論》。皇侃《論語疏叙》引劉向《别録》曰："魯人所學，謂之《魯論》。齊人所學，謂之《齊論》。孔壁所得，謂之《古論》。"蓋此三家，所出各異，故其篇次，亦自不同。《魯論》篇次，即同今本。《齊論》則多《問王》《知道》二篇，凡二十二篇。其二十篇中，章句頗多於《魯論》。《古論》凡二十一篇，有兩《子張》，篇次不與《齊》、《魯論》同。

二、四書之名，自朱子定之。

孟子之書，久在諸子之列，故班《志》入之儒家，而不厠之經藝。南宋淳熙中，朱子取《禮記·大學》、《中庸》二篇，配《論》《孟》而爲四書，於是《孟子》始入經部。四書之名，亦自此始。惟朱子注四書，《大學》《中庸》，多不從鄭注分節，而自出己意，多釐定補綴於其間，故二書謂之"章句"，與《論語》《孟子》融會諸家之説，而謂之"集注"者有别也。

孝經

一、孝經爲孔子作。

鄭氏《六藝論》曰："孔子以六藝題目不同，指意殊別，恐道離散，後世莫知根源，故作《孝經》以總會之。"《孝經疏》引。然則《孝經》爲孔子之作明矣。故其言曰："吾志在《春秋》，行在《孝經》。"何休《公羊傳序》引孔子語。唐以前無異議，至宋朱子始疑之。

二、古書名經，自《孝經》始。

《孝經》之名，自孔子定之，吾國古書之名經，實自《孝經》始。而經之名，又自本經《三才》章"夫孝，天之經也"一語出。《易》《書》《詩》《禮》《春秋》當孔子時並無經名，惟此書言孝道，故以經名之也。

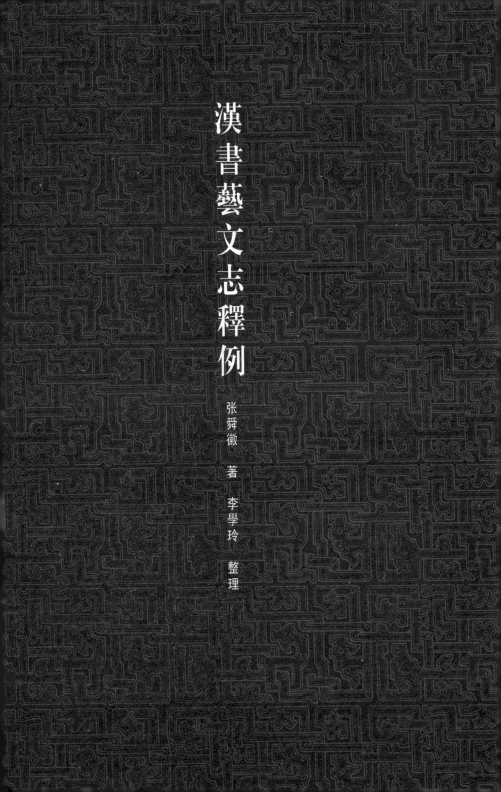

漢書藝文志釋例

張舜徽 著

李學玲 整理

底本：《廣校讎略》，中華書局，1963 年第 1 版

　　往讀元和孫德謙氏《漢書藝文志舉例》，病其雜沓繁冗，規規於史家筆法及修志義例，而於昔人造書目時甄審著録之際，轉多疏漏，非所以辨章學術也。奮欲從事改作，而未暇爲之。頃來蘭州，乃取《漢志》重加温繹，融會鉤稽，得三十事，區以五門寫定，命曰《漢書藝文志釋例》。大半爲孫氏所不及道，其於儒先簿録群書之旨，或有合焉。學者苟能取孫書並觀之，必恍然知劉、班之例固在此而不在彼也。公元一九四六年十月舜徽記。

甄審第一

　　班氏志藝文,雖原本《七略》,然其爲例有不盡同《七略》者。觀其甄審群書,嚴於別擇去取,蓋視劉氏尤有進焉。故傳記有明文可據,而《漢志》失載之書多至三百餘部,其所以闕而不録之故,不盡可考。<small>姚振宗已撰爲《拾補》六卷。</small>論者多謂劉、班惟録中秘書自温室徙之天禄閣者,乃得以論次之,若夫蘭臺石室之儲,故府録藏之籍,民間傳習之本,博士章句之書,當時不勝枚舉,故皆未嘗徧及。<small>姚振宗有此説。</small>此亦一偏之論,未足以概其全。今細心籀繹全《志》,而知或録或不録之際,別自有權衡在也。揚摧而言,略得數例。

不録見存人書例

　　《漢志》每類之末,必標若干家、若干篇,如不同於《七略》,則自注出入以區分之,凡不稱出入者,皆《七略》原文也。今綜計《志》中新入之書,惟書類劉向《稽疑》一篇,小學揚雄、杜林三篇,儒家《揚雄所序》三十八篇,詩賦揚雄八篇耳。《揚雄賦》共十二篇,班氏但云八篇,則《七略》固早録其四篇矣。《揚雄賦》後,又有《待詔馮商賦》九篇,《博士弟子杜參賦》二篇。商有《續太史公》七篇,已著録於春秋類。夫雄之與歆,固同時而相友,即馮商、杜參亦交歆爲最密也。顔師古注引"《七略》云,商,陽陵人,治《易》,事五鹿充宗,後事劉向";又於《詩賦略》注中引"劉向《別録》云,臣向謹與長社尉杜參校中秘書,劉歆又曰,參,杜陵人,以陽朔元年病死,死時年二十餘"。然則商、參皆歆等夷之人耳。歆悉著録其書,雖果高才,不免聲氣標榜,於例爲不純。惟班氏知袪其蔽，例不錄見存人著作，時若賈逵、李育皆並時大儒，又同入白虎觀講論經義，所著書宜多可錄者，班氏不以補入也，其義例至嚴正矣。惟小學類有杜林《倉頡訓纂》一篇、《倉頡故》一篇。林年輩雖早於固，然實班氏同郡並時之人，錄其書，深恐後世疑之，故於叙論小學則曰："倉頡多古字，俗師失其讀。宣帝時徵人能正讀者，張敞從受之，傳至外孫之子杜林爲作訓詁，並列焉。"於《杜鄴傳》又曰："鄴少孤，其母張敞女。鄴壯從敞子吉學問，得其家書。吉子竦又幼孤，從鄴學問，亦著于世，尤長小學。鄴子林清靜好古，亦有雅材，其正文字過於鄴、竦，故世言小學者由杜公。"觀此二段文字，反覆申明，蓋深服其遠紹絕學，故破例而登其書耳。夫爲書目而不錄見存人著作，所以避標榜之嫌，意至善也。至張之洞《書目答問》末附有清著述家姓字略，於算學家姓名後自注云："此編生存人不錄。李善蘭乃生存者，以天算爲絕學，故錄一人。"此誠善紹前規，可爲編目楷式。班氏之反覆申明，亦猶《書目答問》自注之辭耳。

不錄祖先書例

　昔鄭樵論舊史之弊曰："房玄齡董史册，故房彥謙擅美名；虞世南預修書，故虞荔、虞寄有嘉傳。"《通志·總序》。大抵躬與史職，莫不欲貤美其親，自古已然，亦人情也。劉歆續父遺業，總群書而奏《七略》，蓋猶不免於斯累。《六藝略》書類有劉向《五行傳記》十一卷，《諸子略》儒家有《劉向所序》六十七篇，道家有《劉向説老子》四篇，《詩賦略》有《劉向賦》三十三篇，皆歆所自著錄者。合之班氏所出劉向《琴頌》數篇，則歆登錄父書至百數十篇，可謂多矣。《詩賦略》又有《陽城侯劉德賦》九篇，並其王父所作亦不遺之，雖曰推尊所生，固孝子之用心，究不若世守其書，留待後人論定之爲愈也。又況標舉家學，意存自炫，獨不畏露才揚己之譏乎！班固亦名父之子也，而總録群籍，不登彪書，公爾忘私，史例固爾。《論衡·超奇》篇稱："叔皮續《太史公書》百篇以上，記事詳悉，義淺理備，觀讀之者以爲甲而太史公乙。"《史通·正史》篇亦曰："建武中，司徒掾班彪采其舊事，旁貫異聞，作後傳六十五篇，其于理董舊聞，至勤篤矣。"《後漢書·班彪傳》又載其所著賦論書記奏事合九篇。則彪書可著録者實不少。或曰：彪時已入東都，不合列入前書。不悟《漢書》諸志實貫通古今而爲言，何嘗專明一代？觀其叙次群書，上起太古，下訖杜林，序論小學，直云"臣復續揚雄作十三章"，則於論列原流之際，並列己名而無嫌，其書豈但爲西京二百三十年而作？況彪實生於成、哀間，學成甚早，自入東都，即不筮仕，列之前書，何爲不可？特固不欲以此上累其親，足爲後世著録家矩矱也。

未成之書依類著録例

　　《漢志》春秋類《夾氏傳》十一卷，注云："有録無書。"《太史公》百三十篇，注云："十篇有録無書。"考《春秋》後論云："及末世口説流行，故有公羊、穀梁、鄒、夾之《傳》。四家之中，公羊、穀梁立於學官，鄒氏無師，夾氏未有書。"班氏既明言未有書，則夾氏説《春秋》但以口授，本未著之竹帛也。故徐彦《公羊疏》曰："五家之《傳》，鄒氏、夾氏口説無文，師既不言，道亦尋廢。"徐氏以鄒、夾並舉，豈《漢志》有録無書四字本總承上文鄒氏傳、夾氏傳二書而言耶？今不可考矣。然則凡《志》中稱有録無書，皆就未成之書言，非指亡佚也。推之《太史公》之十篇，《漢書·司馬遷傳》《後漢書·班彪傳》皆但言十篇缺。夫缺之爲義，謂缺此十篇，未卒成之也。故《史通·正史》篇曰："十篇未成，有録而已。"且訂張晏《漢書注》十篇遷殁後亡失説之非，可知唐人猶能辨之。王應麟《漢書藝文志考證》引范升奏言，而謂有録無書爲録存書亡，蓋猶襲張晏謬説。後之目録家悉循其誤，非也。自唐釋智升《開元釋教録》

部次群書，列爲存佚二目，朱彝尊《經義考》於存佚之外復增二目：有曰闕者，篇簡俄空，世無完帙也；有曰未見者，庋藏未絕，購覓則難也。著錄之規，於斯漸備。愚意朱氏四例之外，猶當上承《漢志》遺例，增立未成一門，凡有錄無書者悉入之。俾著述之林，有志未遂、或其書義例早定而篇簡猶虛者，皆有可考。於前修既不没其盛心，於來學復可教其繼志，一代學術，藉以存其本真，故史志尤須加詳焉。若夫私家簿錄，固無取於斯也。以清事論之，汪中嘗欲搜輯三代、兩漢學制及文字、訓詁、名物、度數有係於學者，成《述學》二百卷，劉台拱所撰《汪君傳》及徐有壬《述學故書跋》已道其詳。邵晉涵嘗欲與章學誠改修《宋史》，撰集成五十萬言，爲卷必數百，章氏所撰《邵君別傳》亦言其略，書雖未成，其義例固可考見。苟修《清志》者，闢未成一門，取汪、邵之書悉著於錄，且廣求清人未成之書而無所遺，非特有以彰一代學術之盛，且能使後之有志述造者紹前修而從事焉，此亦辨章學術者所有事也。

《七略》類例不明者重爲釐定例

《六藝略》書類班氏自注云：“入劉向《稽疑》一篇。”禮類云：“入《司馬法》一家，百五十五篇。”樂類云：“出淮南、劉向等《琴頌》七篇。”小學類云：“入揚雄、杜林二家三篇。”《諸子略》儒家云：“入揚雄一家三十八篇。”雜家云：“出《蹴鞠》入兵法。”“出蹴鞠”三字今本無，依陶憲曾説補。賦家云：“入揚雄八篇。”兵書權謀家云：“出《司馬法》入《禮》也。”技巧家云：“入《蹴鞠》也。”顏師古嘗發其例曰：“此凡言入者，謂《七略》之外班氏新入之也。其云出者與此同。”書類注。雖然，顏氏特就其大較言之耳。若《司馬法》《蹴鞠》之類，則《七略》舊已著錄，班氏以其門類實有未安，故重爲進退之，豈得盡謂爲《七略》以外之書乎？他若《七略》著錄之書,前後複見者,班氏又爲省去之。春秋類云:"省《太史公》四篇。"兵書權謀家云:"省《伊尹》《太公》《管子》《孫卿子》《鶡冠子》《蘇子》《蒯通》《陸賈》《淮南王》二百五十九種。"技巧家云:"省《墨子》,重。"此亦鑒於劉氏類例不明,而新爲釐定者也。不特每類每家之末自注出入省併甚明,且於六略總數後又再言以申明之,雖所爲書原本《七略》而不没《七略》之真,故《七略》亡佚雖久,猶有以考見其面目,此班氏之功也。

書名下不錄解題例

簿錄群書,其途有三:自向、歆《錄》《略》,下逮荀勗、王堯臣等,皆因校書而叙目錄,此朝廷官簿也;班氏删《七略》以入《漢書》,爲《藝文志》,歷代史志率沿其體,此史家著錄也;若晁、陳之總錄家藏,各歸部類,則私家之目錄耳。惟朝廷官簿與私家目錄,意在條別原流,考正得失,其所營爲既爲專門之事,其所論述則成專門之書,考釋不厭其詳,亦勢所能爲也。若夫史之爲書,包羅已廣,《藝文》特其一篇,使每書名下而爲解題,則一志之成,卷帙過繁,勢不得不翦汰煩辭,但存書目,史之體例然矣。《隋書·經籍志》簿錄類論曰:"古者史官既司典籍,蓋有目錄以爲綱紀,體制埋滅,不可復知。孔子删《書》,別爲之序,各陳作者所由,韓、毛二《詩》亦皆相類。漢時劉向《別錄》、劉歆《七略》,剖析條流,各有其部,推尋事迹,疑則古之制也。自是之後,不能辨其流別,但記書名而已。"夫《隋志》既並舉向、歆二書,以別於後世但記書名者,從知不獨《別錄》每書皆有叙錄,即《七略》亦必删繁就簡,各爲解題,如《四庫簡明目錄》之於《提要》無疑耳。且班《志》著錄之書已增多於《七略》,而爲書祇一卷,《隋志》載《七略》單本爲書七卷,豈非書目下附有解題之明證乎?觀昔人援引《七略》,每多考論學術之言,蓋其原本如此。惟班氏深明於修史志之不同乎官簿，故毅然刪去之，著述各有體要，不能以強同也。往讀朱彝尊《曝書亭集》、章學誠《校讎通義》及《四庫提要》，知《崇文總目》刪去序釋，出於鄭樵，而辨章學術之旨不明，諸家所以罪樵者不爲過。其後讀杭世駿《道古堂集》及錢大昕《養新錄》，怳然始悟《崇文總目》之無序釋，初無涉乎鄭氏，而轉恨朱、章二家與《提要》之説爲深文也。及余返而求之《漢志》，又知史家著錄之不爲解題，其例實出於班氏。況鄭氏《通志》綜括千古，歸一家言，以視斷代爲編者，繁難且十百過之，故撰《藝文略》，於書名下不爲序釋，其識甚卓。鄭樵詆斥班氏無所不至，獨斯例實沿於班，彼雖不言，不足以掩後世之目也。

著録第二

　　班氏著録群書,率依《七略》成規,所不同者,取《輯略》之文散附于諸篇之後耳。章學誠《校讎通義》曰:"劉歆《七略》,《班固》删其《輯略》而存其六,今可見者唯總目部目之後條辨流別數語耳。"姚振宗《漢書藝文志條理叙録》云:"條辨流別數語,即《輯略》之文,班氏散附於諸篇之後者。"其他或互著,或別行,或合列,蓋俱遵劉氏舊例也。摭其大綱,分爲舉出。

彼此互著例

　　先民道術,所該彌溥,初未可以一方體論,著録家取後世部類強分析之,每但得其一偏而遺於全體,非所以辨章學術也。於是而互著之例起焉。蓋一書而數類複見,亦猶韻書收字分隸四聲,一編之中,不嫌並出,書之體用既明,學之原流自顯,法至善也。今考之《漢志》,儒家有《景子》《公孫尼子》,而雜家亦有《公孫尼》,兵家亦有《景子》;道家有《伊尹》《鬻子》《力牧》《孫子》,而小説家亦有《伊尹説》《鬻子説》,兵家亦有《力牧》《孫子》;法家有《李子》《商君》,而兵家亦有《李氏》《公孫鞅》;縱橫家有《龐煖》,而兵家亦有《龐煖》;雜家有《伍子胥》《尉繚》《吳子》,而兵家亦有《伍子胥》《尉繚》《吳起》;小説家有《師曠》,而兵家亦有《師曠》。其複見如此,要必有故。唐初諸儒修《隋書·經籍志》,循用斯例,最爲能見其大。如京相璠《春秋土地名》三卷,分載春秋、地理二類,李概《戰國春秋》二十卷,古史、霸史二類亦分載之。而鄭樵《校讎略》譏之於前,錢大昕《廿二史考異》糾之於後。馬端臨《經籍考》亦能遵《漢志》遺規,數類並載,如陸德明《經典釋文》分載經解、小學二類,宋敏求《春明退朝録》分載故事、小説二類之屬。錢氏《養新録》又深斥之。失昔人互著之旨矣。大抵一書而兩類分收,與夫一字之複見於平上去入，其例正同。簿錄家於彼此互著之際，實隱然示人以辨章學術之意，爲用甚弘，學者所宜究心焉。

單篇別行例

《漢志》簿錄群書，有類似互著而不同於互著者，則又有單篇別行之例焉。《中庸》及《孔子三朝記》，俱七十子後學者所記也，而《六藝略》禮類有《中庸説》二篇，《論語》類有《孔子三朝》七篇。王應麟《考證》曰："七篇者，今考《大戴禮·千乘》、《世代》《虞戴德》《誥志》《小辨》《用兵》《少間》。《史記》《漢書》《文選》注所引謂之《三朝記》，《爾雅疏》張揖引《三朝記》，皆此書也。"《弟子職》及《內業》，皆《管子》書也，而孝經類有《弟子職》一篇，《諸子略》儒家有《內業》十五篇，馬國翰考定即《管子》第四十九篇之《內業》，其説甚是。亦猶後世離《喪服》於《禮經》，別《夏小正》於《大戴禮記》耳。蓋古人求書，至不易得，又或卷帙繁穰，非人人所能盡通，則恒擇取其中精要者別鈔而單行之，此古人讀書之法也。簿錄家苟能循其實迹，悉爲登載，則夫學術之升降，一時之風尚，舉於此可見焉。如《隋志》著錄疏解《喪服》之書至五十種，可知六朝之學極重禮服。所關匪細，又辨章學術者所有事也。

數書合列例

世人但知叢書之名所起甚晚，而不知《漢志》所錄群書雖不標叢書之目，而實有具叢書之體者。《六藝略》禮類云："《記》百三十一篇，七十子後學者所記也。"而《禮記正義》於每篇解題下輒云："此於《別錄》屬某類。"今可考見者，有所謂制度，有所謂通論，有所謂喪服，有所謂祭祀，有所謂世子法，有所謂子法，有所謂吉禮，有所謂吉事，名類繁多，當劉向第叙之初，蓋猶不止此。記者所以解經也，從見存《大》、《小戴記》八十餘篇求之，釋《禮》之文不下十篇，而所以分釋他經者彌廣。井研、廖平嘗考定《王制》爲《穀梁》、《公羊》記，《曲禮》上半小學，下半爲《春秋》,《檀弓》《祭法》《雜記》爲《左傳》記,《玉藻》《深衣》《朝事》《盛德》爲《周禮》記,《祭義》《曾子》十篇爲《孝經》記,《經解》《表記》《坊記》《緇衣》爲經學說,說見《今古學考》下。然則群經之記,悉薈萃於斯編矣。且也《文王官人》之篇,采《逸周書》;《保傅》《禮察》二篇,出於《賈子》;而《勸學》《禮三本》《哀公問五義》《三年問》《樂記》《鄉飲酒義》諸篇,悉本《荀卿》;糅雜如此,非叢書而何?郝懿行《禮記鄭注箋》序曰:"《禮記》,叢書也。"此語至爲精諦。而劉、班著錄時,但總題大名而不分析其門類,可以觀其例矣。他若一人所著之書,名目甚多者,《漢志》亦連舉而合列之,恒冠大名於上,而分標類目於下。《諸子略》道家有《太公》二百三十七篇,下復云:"《謀》八十一篇,《言》七十一篇,《兵》八十五篇。"是其例也。亦有分標類目於注中者,儒家《劉向所序》六十七篇,注云:"《新序》《說苑》《世說》《列女傳頌圖》也。"《揚雄所序》三十八篇,注云:"《太玄》十九,《法言》十三,《樂》四,《箴》二。"是其例也。斯又後世自著叢書之權輿矣。

每類之末用總結例

古人爲書,每於論述既竟而後總題上事,故《呂氏春秋》十二紀、八覽、六論,凡百六十篇,每篇篇名悉載於後,而《太史公自序》《漢書叙傳》《說文解字叙》咸在書尾,皆總計之意也。惟樂章章句不可混淆,字書字數不容增減,故三百五篇篇末悉題幾章幾句,而《說文解字》五百四十部部末悉題文幾重幾,例至善也。簿録家之登載群書,亦猶字書之收字耳。故《漢志》每類後必書若干家若干篇,而每略之末又總計之,迄於終篇,則曰:"大凡書六略,三十八種,五百九十六家,萬三千二百六十九卷。"蓋取全《志》所載而爲之總結矣。沈約有言:"漢興,接秦坑儒之後,典墳殘缺,耆生碩老常以亡佚爲慮,劉歆《七略》、固之

《藝文》，蓋爲此也。”《宋書·律志》序。然則劉、班爲防書籍之散遺，故詳記篇卷之都數。以今考之，亦有不相符合者。顏師古注曰：“每略所條家及篇數，有與總凡不同者，傳寫脱誤，年代久遠，無以詳知。”據此可知唐世已然，莫之能詳究矣。

每略之尾用總論例

論者咸以班氏取《輯略》之文散于諸篇之後，故《七略》而存其六，斯固然矣。說已詳前。第細考之，亦非全仍劉歆之舊也。觀《漢志》首論學術原流，於向、歆校書事記載尤詳。《易》《書》《樂》分論中又三稱劉向，叙詩賦則引及揚子，論小學則旁涉杜林，且云“臣復續揚雄作十三章”，然則《志》中叙論之語爲班氏新增者，正復不少。夫繕修史志，不能前無所承，取昔人已成之書，施之翦裁镕鑄，而彌縫損益於其間，以成爲一家之言，此班氏之卓也。後世步趨班氏者，惟《隋書·經籍志》得其髣髴，首以總論發端，次依類分舉書目，每類既竟，各爲分論以考其原流得失，每大類之末又爲總論以包舉之，所謂辨章學術者於是乎在。後之爲書目者，每能詳記篇卷，而不克考論利弊，雖間有之，又將叙論之辭冠於每類之首，猶之古書序篇皆載書尾，而後人爲移置卷端，失古人之意矣。昔司馬談之論六家也，雖推崇道家至矣，然於陰陽、儒、墨、名、法各舉列得失，反覆申明之，固未嘗挾一隅之私見也。迨遷爲《老莊申韓列傳》述仲尼、老子問答語，貶抑儒學甚矣。蓋遷不得志於時，意固有所託，初未可以質言也。而班氏病其論大道先黃、老而後六經，故《漢志》諸子十家以儒冠其首，且重申之曰“於道最爲高”。蓋自孝武罷黜百家以來，盡人而同此心，勢亦不可違耳。然班氏論道家曰：“此君人南面之術也，合於堯之克攘，《易》之嗛嗛，一謙而四益，此其所長也。及放者爲之，則欲絶去禮學，兼棄仁義。”至於陰陽、法、名、墨、縱橫、雜、農、小説諸家，無不兼舉短長，極言利弊，又總論之曰：“其言雖殊，辟猶水火相滅，亦相生也。仁之與義，敬之與和，相反而皆相成也。若能修六藝之術，而觀此九家之言，舍短取長，則可以通萬方之略。”此誠無偏無頗，至公至正之論。後世立言之家，能和平如此，庶足以論列古今學術乎！要之道術多門，學藝繁雜，非真知其美，亦無由辨其惡；非親測其長，亦無由明其短；使徒挾淺寡之見聞，逞胸臆之謬説，鮮不誤天下後世者。嘗慨經傳閎深，得漢、宋諸儒注説，而其指始明。漢師詳於故訓，宋賢多明義理，實殊途而同歸，相輔以爲用。後世學者不知舍短取長，貫通而融會之，乃復强樹門户，分畫鴻溝，及於末流，漢學既起今古之爭，宋學復有朱、陸之辨，則歧之中又有歧焉。劉子駿所謂挾恐見破之私意，而無從善服義之公心，此輩坐之。觀於《漢志》持論之平允，可以省矣。

叙次第三

《漢志》叙次群書，或以時爲先後，或依類相係聯，無不井然有條。其偶錯雜不倫，則半由傳寫致誤，不可持後世訛謬之本上衡古人也。論其義例，復有數科。

依時代爲先後例

自來編書目者，每類之中各依時代先後爲次，不相混雜，其例實導原於《漢志》，而尤以《諸子略》儒家類最爲分明。姚振宗曰：“是篇章段凡四：晏子與孔子同時，時代最先，故以此一家居首，以下自子思子至芉子，皆孔門及七十子弟子之所撰述，凡一十二家，是爲第一段；《内業》以下至《功議》七家，多周室故府之遺文，莫詳其作者，爲第二段；《寧越》至《虞氏春秋》十一家爲周、秦、六國近代人之所作，其平原君朱建一家，舊當在漢人之中，爲後人妄移次第，是爲第三段；《高祖傳》以下至揚雄二十一家，則西漢一代天子王侯卿大夫之所論叙，迄于王莽世，爲第四段終焉。”《漢書藝文志條理》。姚氏此言，真得古人用心矣。然細考之，全《志》亦有時代在前，而其書反列於後者，則以古人之書多出於門弟子所輯録，劉、班蓋據其成書之先後爲次，而非自亂其例也。

帝王著作各冠當代之首例

《漢志》於帝王撰述，各依時之先後，弁於當代臣工著作之前。如儒家類叙往世群書既竟，始著録《高祖傳》十三篇，陸賈二十三篇，劉敬三篇，《孝文傳》十一篇，賈山八篇，孔臧十篇，賈

誼五十八篇，下逮漢世諸儒之書，至劉向、揚雄而止。陸賈、劉
敬，高祖時人，故次之高祖之下；孔臧、賈誼，生值孝文，故著於
孝文之末。叙次之例，昭然可見。其後《隋志》以歷代帝王著作
冠於各代之首，《四庫全書總目》亦列康、雍、乾御撰之書於各類
清儒著述之前，皆《漢志》遺規也。乃《四庫總目凡例》謂斯例出
《隋志》，又斥《漢志》以高帝、文帝所撰雜置諸臣之中，殊爲非
體，直並《漢志》亦未細讀矣，甚哉館臣之陋！

以類相從例

　　《漢志》叙次群書，大半以類相從，秩然無混。即開卷《六藝
略》易類言之，可以推知其例。首著《易經》十二篇，以下即標
《易傳》《災異》《章句》三目，自《周氏》《服氏》《楊氏》《蔡公》《韓
氏》《王氏》《丁氏》七家之書，以及《孟氏京房》十一篇，皆蒙上文
《易傳》二字，謂此諸家之書皆所以解說《易》義者也。姚振宗《漢書
藝文志條理》謂自周氏至丁氏七家蒙上文，而不知《孟氏京房》十一篇亦爲《易》傳，謬甚。
次錄《孟氏京房》六十六篇，五鹿充宗《略說》三篇，《京氏段嘉》
十二篇，則皆蒙上《災異》二字者也。末云《章句》施、孟、梁丘氏
各二篇，則更明白矣。中惟《古五子》十八篇，《淮南道訓》二篇、
《古雜》八十篇、《雜災異》三十五篇、《神輸》五篇、《圖》一，介在
《丁氏》八篇、《孟氏京房》十一篇之間，殊爲錯雜不倫。全祖望
《讀易別錄》以《古五子》及《古雜》《雜災異》《神輸》之類，皆通說
陰陽災異及占驗之屬，《漢志》誤入經部。舜徽案，《漢志》自分
條刊刻以來，割裂破碎，多非本來舊第。如儒家《平原君》七篇，
班氏自注云：“朱建也。”考朱建爲漢初人，其書不應厠魯連、虞
卿之間，今本次第，蓋後人誤以爲六國時平原君而移易之。沈
濤《銅熨斗齋隨筆》已言之矣。則易類此四種書或原本在《災
異》之下，而後人錯亂之，未可知也。全氏必斥爲誤列，似亦
太過。

每類中分標子目例

《漢志》總録群書，各歸部類，而每類中又爲釐析細目。揚推言之，其途有二：《六藝略》中每標經傳章句諸目於上，而後臚列書名於下，此舉下事之例也；說見上篇。至於《兵書略》中分權謀、形勢、陰陽、技巧，《數術略》中分天文、曆譜、五行、蓍龜、雜占、形法，《方伎略》中分醫經、經方、房中、神仙，悉臚列書名於前，而分標諸目於後，此題上事之例也。有斯二例，爲用甚宏。亦有不列子目者，乃變例耳。

鈔纂之書各歸本類例

經子同爲立言之書，惟聖言玄遠，故解説多歧，百家異趣，故論議尤廣。群經之有總義，諸子之有節鈔，由來久矣。《漢志・六藝略》書、禮、春秋、論語各有議奏數十篇，《孝經》復有五經雜議，乃後世五經總義之濫觴，亦猶經義彙解之意。易、詩二類無議奏，然易有《古雜》八十篇、《雜災異》三十五篇，詩有《齊雜記》十八卷，班氏世傳齊學。亦必總舉同異，與議奏體製略近，是群經皆有總義矣。《諸子略》儒家有《儒家言》十八篇，道家有《道家言》二篇，陰陽家有《雜陰陽》三十八篇，法家有《法家言》二篇，雜家有《雜家言》一篇，小説家有《百家》百三十九篇，《兵書略》技巧類有《雜家兵法》五十七篇，班氏自注不知作者，其義例亦無可考，然循名以察實，蓋即後世節鈔諸子之權輿也。班氏於説經之總義，諸子之節鈔，各附載本類之末，其例至善。後世爲書目者，於群經皆先録經説，而後及乎總論，於諸子悉臚列各家，而後及乎要删，實循劉、班之遺軌也。至於章氏《校讎通義》謂宜別立書鈔一門，附諸史鈔之後，則有感於後世學術苟簡，而鈔撮之編滋多，惡紫亂朱，用相區畫。古人雖無此目，要亦禮以義起，又未可執此以尚論劉、班也。

於敘次中寓微旨例

　　章學誠嘗以儒家類有《周政》六篇、《周法》九篇，乃官禮之遺，宜附之《禮經》之下，不合入于儒家。見《校讎通義》。而不知此正有謂也。蓋劉、班校錄群書時，辨章學術之精意，俱可見於此，第未易爲世俗淺夫道耳。儒者之效，在能匡時濟物，以有爲於當世，其次則貴明教化，以助熙平之治，荀子所謂在本朝則美政，在下位則美俗者是也。《漢志》儒家首列晏子，已隱然示人以大儒之效。自子思以下十二家，或游説列國，如孟軻、荀卿。或教授諸侯，如子思、李克。大抵宗師仲尼，以德顯于當世，雖不克開物成務，而各懷淑世之術，使得志行於時，所建立亦不在小。雖徒託之空言，顧猶儒效之所寄，非後來著述敷演空論者比也。儒效之隱，原于漢世，史遷爲《儒林傳》，以紀當世經生，蓋嘲之也。劉、班明於學術升降之機，故著錄群書，間寓微旨，敘次七十子弟子之撰述既竟，繼錄《內業》以下至《功議》七家書，大抵皆經世布政之通論也。復續錄《寧越》至《虞氏春秋》十一家之書，以明此諸子者雖非仲尼之徒，猶足以獻策諸侯，立名當世，與漢世儒生大殊。其於漢儒之前，七十子之後，必以此十八家之書居其間，蓋以明儒效，自廣而狹，自著而微之迹耳。其旨深矣。烏呼！非深通乎道術之原者，曷足以語乎此乎！此所以後世書目家未有能學步者也。

標題第四

《隋書‧經籍志》著録群書，標題甚明，首載某書若干卷，次舉時世職位，而終之以某某撰。如史部云：《史記》一百三十卷，《目録》一卷，漢中書令司馬遷撰。前後一例，靡有錯亂。然不可持此以上衡《漢志》。《漢志》於標題最不一致，而不一致之中又有例焉。

經典不標作者主名例

《漢志》於六藝本經，率不標作者主名，而惟於傳訓章句，詳舉姓字，非數典而忘祖也。世遠年湮，不能直指爲何人，寧闕毋誤，蓋慎之耳。觀其叙論六藝，惟《易》更三聖，實有其人，《詩》《書》萌芽甚早，《禮》《樂》崩壞尤先，《春秋》乃魯史舊名，《論語》由孔門同輯，不能遥溯古初，定其出於誰手，故著録時悉不載焉。蓋先秦立言之書，皆出於不得已，自以己所知覺，不獲及其躬而行之，姑垂空文以待後賢，苟得其人，舉斯説以措之天下後世，猶及吾身自行之也。徵諸古初立言者，莫不如此，故雖有所論述，未嘗據以爲私，而必以公諸天下。惟其有是心也，故每有所作，不署己名，先秦古書，大抵然矣。讀章學誠《言公》篇，自可稍悟斯理。乃後世學者書未開卷，先辨真僞，苟未得其主名，輒臆定爲贋鼎，任情軒輊，隨聲是非，終致經典束閣，不思窺覽，豈不悖哉！善讀書者，不問書出誰手，惟察陳義何如耳，斯又非深明著述本原者未可驟與語此也。

姓字上署職官例

古人爲書，多無大題，著録之際，倉卒不得其書名，乃取其人姓字以當書號，復恐姓字或有雷同，遂并其職官盡載之，蓋所以示區分也。《漢志》《諸子》《詩賦》二略中，此類不少。儒家有《太常蓼侯孔臧》十篇，《鉤盾冗從李步昌》八篇，道家有《郎中嬰齊》十二篇，縱橫家有《秦零陵令信》一篇，《待昭金馬聊倉》三篇，雜家有《博士臣賢對》一篇，小説家有《待詔臣饒心術》二十五篇，《待詔臣安未央術》一篇，《詩賦略》中有《太常蓼侯孔臧賦》二十篇，《陽丘侯劉隄賦》十九篇，《光禄大夫張子僑賦》三篇，《陽城侯劉德賦》九篇，《常侍郎莊忽奇賦》十一篇，《郎中臣嬰齊賦》十篇，《遼東太守蘇季賦》一篇，《河内太守徐明賦》三篇，《給事黄門侍郎李息賦》九篇，《待詔馮商賦》九篇，《博士弟子杜參賦》二篇，《車郎張豐賦》三篇，《驃騎將軍朱宇賦》三篇，《東暆令延年賦》七篇，《衛士令李忠賦》二篇，《侍郎謝多賦》十篇，《平陽公主舍人周長孺賦》二篇，《黄門書者假史王商賦》十三篇，《侍中徐博賦》四篇，《黄門書者王廣吕嘉賦》五篇，《漢中都尉丞華龍賦》二篇，《左馮翊史路恭賦》八篇，斯皆明著位秩，義例昭顯。後世簿録家必係作者官職，實本於此。

書出衆手者署名例

《漢志》於衆手修成之書，必明標某某等，如《詩賦略》有黄門倡車忠等歌詩十五篇是也。其或前後續修而成者，則必俱載其姓字，如小學類有《倉頡》一篇，注云"上七章，秦丞相李斯作；《爰歷》六章，車府令趙高作；《博學》七章，太史令胡毋敬作"是也。推此例以爲標題之式，則凡後世官修之書，雖不能盡載姓字，亦當稱某某等而後可。唐修《五經正義》，本不出孔穎達一人之手，後人褒貶是書率歸之孔氏一人，由標題誤之也。可知此雖一字之微，而關係學術彌大，簿録家尤不可不慎。

書名從後人所定者標題例

《漢志》著録群書，仍用作者原題，此正例也。其變例亦復有二：一曰據劉向新定之名而標題也。《戰國策》本號《國策》，或曰《國事》，或曰《短長》，或曰《事語》，或曰《長書》，或曰《修書》，至於劉向，乃易今名。見向所撰《戰國策叙録》。淮南王書初名《鴻烈》，迨向校定，始號《淮南》，見高誘《淮南子注序》。《漢志》率循新稱，是其例也。二曰遵時人習用簡稱而標題也。《史記·管晏傳》："太史公曰，吾讀《晏子春秋》，詳哉其言之也。"可知《晏子春秋》之名甚早，而《漢志》儒家但著録《晏子》八篇，不云"春秋"。《漢書·蒯通傳》曰："通論戰國時説士權變，亦自序其説，凡八十一首，號曰《雋永》。"可知蒯氏之書原自有名，而《漢志》縱橫家但著録《蒯子》五篇，不稱"雋永"。蓋時人習用簡稱，相沿已久，故《漢志》亦率由不改耳。

注記第五

　　《漢志》有自注之例，凡句下之注不題姓字者，皆班氏原文。其標某某曰，則顏師古所集諸家之說也。《四庫提要》已言之。時代久遠，傳寫多訛，故有正文在上，誤脫於下，遂寫爲注語者。雜家有《淮南內》二十一篇，注云：“王安。”原文當作《淮南王安內》二十一篇，自傳寫者誤移“王安”二字於注，而文義乖矣。亦有涉下文而誤增注語者，道家有《捷子》二篇，注云：“齊人，武帝時說。”此蓋涉下文《曹羽》二篇“楚人，武帝時說于齊王”而誤衍四字耳。此條沈濤《銅熨斗齋隨筆》已辨之。錯亂如此，理董實難。班氏原書自注之辭，經傳寫而奪佚者蓋亦不鮮，今第就見存注記，條舉數例。

標注書中大旨例

　　班氏志《藝文》，既不錄群書解題矣，凡一書大旨率於注中舉之。《六藝略》易類《古五子》十八篇，注云：“自甲子至壬子，說《易》陰陽。”書類《周書》七十一篇，注云：“周史記。”《議奏》四十二篇，注云：“宣帝時石渠論。”春秋類《世本》十五篇，注云：“古史官記黃帝以來訖春秋時諸侯大夫。”《戰國策》三十三篇，注云：“記春秋後。”《奏事》二十篇，注云：“秦時大臣奏事，及刻石名山文也。”《諸子略》儒家《周政》六篇，注云：“周時法度政教。”《周法》九篇，注云：“法天地，立百官。”《讕言》十篇，注云：“陳人君法度。”《功議》四篇，注云：“論功德事。”《公孫固》一篇，注云：“齊閔王失國，問之，固因爲陳古今成敗也。”《董子》一篇，注云：“難墨子。”《高祖傳》十三篇，注云：“高祖與大臣述古語及詔策也。"《孝文傳》十一篇,注云:"文帝所稱及詔策。"《虞丘說》一篇,注云:"難孫卿也。"從橫家《秦零陵令信》一篇,注云:"難韓相李斯。"雜家《博士臣賢對》一篇,注云:"漢世,難韓子、商君。"小説家《周考》七十六篇,注云:"考周事也。"《青史子》五十七篇,注云:"古史官記事也。"即此二略求之,已詳盡如此,而所錄之書,十九不存於今,使非班氏注明大旨,孰從知其所言爲何事乎?

標注書中篇章例

　　《六藝略》《尚書古文經》四十六卷,注云:"爲五十七篇。"《論語古》二十一篇,注云:"出孔子壁中,兩《子張》。"又《齊》二十二篇,注云:"多《問王》《知道》。"《孝經古孔氏》一篇,注云:"二十二章。"又《孝經》一篇,注云:"十八章。"儒家《公孫固》一篇,注云:"十八章。"此皆明載篇章,而諸本異同之迹粲然可考,例至善也。若遇篇章有闕佚者,亦爲注明。小學類《史籀》十五篇,注云:"周宣王太史作《大篆》十五篇,建武時亡六篇矣。"是也。

標注作者姓名例

　　《漢志》於群書既不錄解題,則惟於注中標舉姓字,釐析言之,其途復廣:有直題某某作者,春秋類《楚漢春秋》九篇,注云:"陸賈所記。"小學類《凡將》一篇,注云:"司馬相如作。"《急就》一篇,注云:"元帝時黃門令史游作。"《元尚》一篇,注云:"成帝時將作大匠李長作。"《訓纂》一篇,注云:"揚雄作。"是也。有已舉其姓於上,惟注名字於下者,易類《易傳周氏》二篇注云:"字王孫也。"《楊氏》二篇,注云:"名何,字叔元,菑川人。"《韓氏》二篇,注云:"名嬰。"《王氏》二篇,注云:"名同。"《丁氏》八篇,注云：“名寬，字子襄，梁人也。”是也。有不能的指其人，而惟稱舉大限者，禮類《記》百三十一篇，注云：“七十子後學者所記也。”《王史氏》二十一篇，注云：“七十子後學者。”是也。

標注作者行事例

劉向爲群書叙録，於作者行事，紀述甚詳，見存管、晏、孫卿、韓非諸録可覆按也。《七略》删繁就簡，其原本雖不可見，然亦必致詳於作者事迹，開王儉《七志》於書名下立傳之例。《廣校讎略·序書體例論》中已詳言之。班氏采《七略》以入史，不録解題，然亦多爲之方，以略記其生平。凡事迹見於《太史公書》者，則曰有列傳，如儒家《晏子》《孟子》《孫卿子》《魯仲連子》，道家《筦子》，法家《商君》，縱橫家《蘇子》《張子》，詩賦略《屈原賦》，兵書略《吳起》《魏公子》之屬是也。顏師古於《晏子》下發其例云：“有列傳者，謂《太史公書》。”或溯其師承，如易類《蔡公》二篇，注云：“事周王孫。”儒家《曾子》十八篇、《宓子》十六篇，俱注云：“孔子弟子。”《李克》七篇，注云：“子夏弟子。”是也。或明其家學，如樂類《雅琴師氏》八篇，注云：“傳言師曠後。”儒家《漆雕子》十三篇，注云：“孔子弟子漆雕啓後。”是也。或舉其德行，如儒家《晏子》八篇，注云：“孔子稱善與人交。”道家《辛甲》二十九篇，注云：“紂臣，七十五諫而去，周封之。”《黔婁子》四篇，注云：“齊隱士，守道不詘，威王下之。”是也。

標注作者時世例一

《詩》《書》之序，蓋即解題之權輿，今觀三百篇，十九不知作者主名，序詩者亦不必求得其人以實之，此闕疑之義也。惟於作詩之時代必明著之，使詩中之辭有所傅，而讀者得以推尋政教之中失，風化之隆污，於以知此詩之所爲作，其例至善。詩之大義，無外美刺，作序者於美刺之詩，尤必定其時代，以告後人，如《蝃蝀》止奔也，《相鼠》刺無禮也，《干旄》美好善也，使非作序者明定爲衛文公時詩，則止奔之辭爲何而發？又何由而刺無禮？何由而美好善？均蒙然而莫之悟。故後世叙録經籍者，亦必以考定時世爲亟，作者之可知與否，又其次也。《漢志》總録群書，於撰述時代之易曉者，置而不注，於所難考，亦同闕疑。而細繹全《志》，則有明標時世之例焉。《六藝略》禮類有《封禪議對》十九篇，注云："武帝時也。"春秋類《奏事》二十篇，注云："秦時大臣奏事及刻石名山文也。"《諸子略》儒家《周政》六篇，注云："周時法度政教。"道家《雜黄帝》五十八篇，注云："六國時賢者所作。"《力牧》二十二篇，注云："六國時所作，託之力牧，力牧，黄帝相。"《孫子》十六篇，注云："六國時。"《郎中嬰齊》十二篇，注云："武帝時。"陰陽家《公孫發》二十二篇，注云："六國時。"《乘丘子》五篇，注云："六國時。"《杜文公》五篇，注云："六國時。"《南公》三十一篇，注云："六國時。"《周伯》十一篇，注云："齊人，六國時。"墨家《尹佚》二篇，注云："周臣，在成、康時也。"縱橫家《待詔金馬聊倉》三篇，注云："趙人，武帝時。"雜家《尉繚子》二十九篇，注云："六國時。"農家《野老》十七篇，注云："六國時，在齊、楚間。"小説家《封禪方説》十八篇，注云："武帝時。"《待詔臣饒心術》二十五篇，注云："武帝時。"若斯之流，悉明著其時，或兼詳其地，而不必一一定爲何人所作，此班氏之卓識也。後之考論經籍者，不務明其世，而必欲知其人，卒致其人不可必知，乃相率屏其書不觀，豈通識哉？

標注作者時世例二

校録群書，固當致詳於作者時世，能明定爲何時人，斯固善之善者；如其不然，可取他人與同時者論定之。《漢志》道家《文子》九篇,注云:"老子弟子,與孔子並時。"《老萊子》十六篇,注云:"楚人,與孔子同時。"名家《鄧析》二篇,注云:"鄭人,與子產並時。"《惠施》一篇,注云:"名施,與莊子同時。"是其例也。其或生非並時者,又有稱先後之例焉。觀班氏注道家《列子》云:"名圄寇,先莊子,莊子稱之。"《公子牟》云:"魏之公子也,先莊子,莊子稱之。"《鄭長者》云:"六國時,先韓子,韓子稱之。"陰陽家《閭丘子》云:"名快,魏人,在南公前。"《將鉅子》云:"六國時,先南公,南公稱之。"法家《慎子》云:"名到,先申、韓,申、韓稱之。"名家《尹文子》云:"説齊宣王,先公孫龍。"墨家《田俅子》云:"先韓子。"《墨子》云:"名翟,宋大夫,在孔子後。"《詩賦略》宋玉云:"楚人,與唐勒同時,在屈原後也。"此皆取世所共知之人以定作者時世,多爲之方,以告後人,用心亦良苦。然其例非創自《漢志》也。太史公論列周末諸子詳矣,獨墨翟行事附見《孟荀列傳》,寥寥數語,且稱或曰並孔子時,或曰在其後,並其時世不能遽定,而聊爲存疑之辭。然則稱並時,稱先後,以知人論世,實出史遷,後之爲書録者,可取則於斯矣。

人名易混者加注例

　　《漢志》於人名易混者,率爲注明。儒家有《董子》一篇,注云:"名無心,難墨子。"《平原君》一篇,注云:"朱建也。"名家《毛公》九篇,注云:"趙人,與公孫龍等並游平原君趙勝家。"若斯之類,使非班氏逐一注明,則學者研習《志》文,於所謂董子者,必誤以爲仲舒,所謂平原君者,必誤以爲趙勝,所謂毛公者,必誤以爲毛亨或毛萇矣。

書名易混者加注例

　　《漢志》非特於作者姓字相同者別加標注也,於書名亦然。

儒家有《高祖傳》十三篇，注云：“與大臣述古語及詔策也。”《孝文傳》十一篇，注云：“文帝所稱及詔策。”此二書而必注明者，蓋恐後人顧其名而視同傳記耳。此就名之易混者言也。書類有《議奏》四十二篇，禮類有《議奏》三十八篇，春秋有《議奏》三十九篇，論語有《議奏》十八篇，孝經有《五經雜議》十八篇，班氏皆自注云：“石渠論。”此則深恐後人目爲章帝建初中之《白虎議奏》，故亦必標明之。此就事之偶同者言也。

書係依託者加注例

審定僞書，亦劉、班啓其端，今以《漢志》所載傳疑之書考之，復得六例：有明定爲依託而不能的指其人者，《諸子略》小說家有《黃帝説》四十篇，注云：“迂誕依託。”《兵書略》陰陽類有《封胡》五篇，注云：“黃帝臣，依託也。”《風后》十三篇，《圖》二卷，注云：“黃帝臣，依託也。”《力牧》十五篇，注云：“黃帝臣，依託也。”《鬼容區》三篇，注云：“《圖》一卷，黃帝時依託。”此一例也。有驗之其語而知非出古人者。《諸子略》雜家有《大禹》三十七篇，注云：“傳言禹所作，其文似後世語。”小說家有《伊尹説》二十七篇，注云：“其語淺薄，似依託也。”《師曠》六篇，注云：“見《春秋》，其言淺薄，本與此同，似依託也。”《天乙》三篇，注云：“天乙謂湯，其言非殷時，皆依託也。”此二例也。有徵之於事而知爲僞者，道家有《文子》九篇，注云：“老子弟子，與孔子並時，而稱周平王問，似依託者也。”小說家有《務成子》十一篇，注云：“稱堯問，非古語。”此三例也。有能推定依託之時代者，道家有《黃帝君臣》十篇，注云：“起六國時。”《雜黃帝》五十八篇，注云：“六國時賢者所作。”《力牧》二十二篇，注云：“六國時所作，託之力牧，力牧，黃帝相。”陰陽家有《黃帝泰素》二十篇，注云：“六國時韓諸公子所作。”農家有《神農》二十篇，注云：“六國時諸子疾時怠於農業，道耕農事，託之神農。”此四例也。有明定爲後世增加者，道家有《太公》二百三十七篇，注云：“吕望爲周師尚父，本有道者。或有近世又以爲太公術者所增加也。”小説家有《鬻子説》十九篇，注云：“後世所加。”此五例也。有不能輒定而聊爲存疑之辭者，雜家有《孔甲盤盂》二十六篇，注云：“黄帝之史，或曰夏帝孔甲，似皆非。”此六例也。有斯六例，而後世辨僞之法，舉莫能越於是矣。

疑不能明者加注例

　　《漢志》於所不知，復能闕疑。凡作者姓字及時世不能詳者，則直注明之。儒家《内業》十五篇，注云：“不知作書者。”《讕言》十篇、《功議》四篇，俱注云：“不知作者。”農家《宰氏》十七篇、《尹部尉》十四篇、《趙氏》五篇、《王氏》六篇，俱注云：“不知何世。”《董安國》十六篇，注云：“漢代内史，不知何帝時。”是其例也。其或審知書出誰手，而未得確證者，亦聊爲存疑之辭。儒家有《河間周制》十八篇，注云：“似河間獻王所述也。”陰陽家有《五曹官制》五篇，注云：“漢制，似賈誼所條。”是其例也。

張氏《漢書藝文志釋例》商榷

胡楚生　著　李學玲　整理

底本：《中國目錄學研究》，華正書局有限公司，
1980 年 4 月版

甲、引言

　　沅江張舜徽氏，嘗撰《漢書藝文志釋例》一篇，收入所著《廣校讎略》中，爲附録之一。注一。張氏於《釋例》之首，自述兹篇所作，蓋由不滿孫德謙氏《漢書藝文志舉例》一文，注二。"病其雜沓繁冗，規規於史家筆法，及修志義例，而於昔人造書目時，甄審著録之際，轉多疏漏，非所以辨章學術也"。故乃更撰《釋例》，"融會鈎稽，得三十事，區以五門寫定"。予循覽之餘，覺其所論，雖大體精當，而可商榷處，亦復不鮮，爰取《漢志》，重加檢覈，義有未安，筆諸簡端，總如干條，釐爲《商榷》一卷，非是專輒，敢議前修，蓋緣不賢識小，聊獻一得云爾。

乙、商榷

不録祖先書例

　　張氏於此條中，徵引《論衡》《史通》及《後漢書·班彪傳》，證明班彪嘗續《太史公書》百篇以上，作《後傳》六十五篇，又著賦、論、書、記、奏事合九篇。然而，《漢志》之中，不録班彪之書，張氏由是以爲，班固乃名父之子，而總録群書，不登其父班彪之書，是即班固"公爾忘私"，"不欲以此上累其親，足爲後世著録家矩矱"。是即班《志》不録祖先之書之例也。

　　今按《漢書·叙傳》云："故採纂前紀，綴輯所聞，以述《漢書》，起元高祖，終于孝平王莽之誅，十有二世，二百三十年。"《後漢書·班固傳》附於《班彪傳》內。云："故採撰前記，綴集所聞，以爲《漢書》，起元高祖，終于孝平王莽之誅，十有二世，二百三十年。"章懷注："高、惠、呂后、文、景、武、昭、宣、元、成、哀、平，十二代也。并王莽，合二百三十年。"然則《漢書》乃斷代之史，專記西漢一代史事，班氏已有明言。唯《藝文》一志，删自《七略》，以備篇籍，而《七略》者，總録向、歆以前歷代篇章，方之史籍，殆猶《太史公書》之流亞，是以班氏《漢志》，其所收録，就前代而言，乃不限於漢興以來之書，而下限所至，則必斷於西漢之末，東漢以前也。

　　《後漢書·班彪傳》云："建武三十年，年五十二，卒官。"據此以推，則班彪之生，乃漢平帝元始三年，當西元三年，其卒，乃光武帝建武三十年，當西元五十四年。參姜亮夫《歷代名人年里碑傳總表》。平帝於元始五年崩，其後孺子嬰在位三年，當西元八年時，王莽篡立，西漢亡矣，及王莽伏誅，更始號令兩年，當西元二十五年時，而光武中興，遂入東漢。綜計班彪一生，其在西漢，不過六年，入於東漢，乃三十年，其間十六年，乃王莽更始之際。且其出仕，亦在光武之朝，范史可稽。是則以班彪屬之東漢，當無疑義。張氏云：“彪實生於成、哀間，學成甚早，自入東都，即不筮仕，列之前書，何爲不可？”其説非是，蓋於范書《彪傳》，亦未細讀者也。然則，班固《漢書》，既以西漢爲斷，自亦無須登録班彪之書矣。姚振宗氏撰《漢書藝文志拾補》，不録班彪之作，及錢大昭撰《補續漢書藝文志》、顧懷三撰《補後漢書藝文志》、姚振宗撰《後漢藝文志》、曾樸撰《補後漢書藝文志并考》，乃始以班彪所著之《續太史公書》《史記後傳》《悼離騷》《徐令班彪集》《前史得失略論》等書，分別予以著録，蓋皆心知其意，方以班彪之書，列之後漢者也，而張氏一反諸家所録，殆不免有立異之嫌矣。

且夫班彪所著之書，其賦、論、書、記、奏事等九篇，固無論矣，《續太史公書》與《後傳》本屬一書，其理甚明，即《漢書》之前身也，夫《漢書》之作，奠基於班彪，續撰於班固，終成於班昭之手，父子兄妹，歷經三人，其書始底於成，故題一《漢書》之名，則叔皮之作，即已包攬於中，且《藝文志》者，又《漢書》之一篇，烏庸更爲登録彪書之名哉？設如《漢志》之中，可録班彪《續太史公書》與《後傳》之名，則班固《漢書》，亦可登録其内矣，志藝文者，亦寧有是理乎？

張氏又謂《漢志》之中：“序論小學，直云‘臣復續揚雄，作十三章’，則於論列原流之際，並列己名而無嫌，其書豈但爲西京二百三十年而作？”今考《漢志》小學類有揚雄《蒼頡訓纂》一篇，爲班氏新入之者，小序又云：“臣復續揚雄，作十三章。”不知班固蓋僅於小序中言其嘗續揚雄之書而已，此與以己書入録者，截然有異，尤不得據此而推論，以爲班固不嫌列名序中，即當登録彪書，不録彪書，即係《漢志》不録祖先書之例證也。要之，不録祖先之書,《漢志》之中,當無其例者。

未成之書依類著録例

　　張氏嘗據《漢志》春秋類《夾氏傳》十一卷班氏注云:"有録無書。"《太史公》百三十篇班氏注云:"十篇有録無書。"以爲"凡《志》中稱有録無書,皆就未成之書言,非指亡佚也"。以爲此即《漢志》未成之書,依類著録之例。以爲後之志藝文者,部次群書,著録之規,除"存""佚""闕""未見"等四目之外,"猶當上承《漢志》遺例,增立未成一門,凡有録無書者悉入之,俾著述之林,有志未遂,或其書義例早定而篇簡猶虚者,皆有可考,於前修既不没其盛心,於來學復可教其繼志,一代學術,藉以存其本真","此亦辨章學術者所有事也"。

　　今按,張氏以爲志藝文者,當增"未成"一門,此其説也,除所謂"有志未遂"一語,過於寬泛,易涉疑似之外,大體尚是,唯列舉《夾氏傳》與《太史公書》爲例,以爲《漢志》之中,即有著録未成之書一例,則有不足信者。今考《漢書·司馬遷傳》云:"而十篇缺,有録無書。"張晏注:"遷没之後,亡《景紀》《武紀》《禮書》《樂書》《兵書》《漢興以來將相年表》《日者列傳》《三王世家》《龜策列傳》《傅靳列傳》,元成之間,褚先生補缺,作《武帝紀》《三王世家》《龜策》《日者傳》,言辭鄙陋,非遷之意也。"張晏之説,必有所據,而《史記·太史公自序》云:"余述歷黄帝以來,至太初而訖,百三十篇。"尋其語義,明是書已完成,故百三十篇之所爲作,史公一一爲具言於自序之中,及史公殁後,書乃亡缺十篇,故裴駰《集解》、司馬貞《索隱》,於史公自序之末,並引張晏之説,《索隱》且歷述褚先生所補之情狀,王應麟《漢書藝文志考證》亦嘗引吕祖謙之言,謂《史記》十篇之亡,以張晏所列亡篇之目校之,唯《武帝紀》實亡,其餘或殘或存,要非全佚。_{文長不具引。}

而張氏專憑《史通》率爾之言，查《史通·古今正史》篇謂《史記》："十篇未成，有録而已。"其言甚簡。遂指《史記》十篇，未卒成之，而所謂劉知幾氏訂張晏《漢書注》十篇遷歿後亡失説之非者，亦僅寥寥數語，過於簡率，且全無論證，《史通》原注："張晏《漢書注》云，十篇遷歿後亡失，此説非也。"恐未足取信於人也。

　　且夫所謂"録"者，《漢志》總序論劉向之校書云："每一書已，向輒條其篇目，撮其旨意，録而奏之。"是則書成在先，司校讐者，始得據其書以條篇目，撮旨意，以更撰書録於後也。《太史公自序》所述百三十篇要旨，即《史記》之叙録也。班氏《漢志》總序，既有明言，無庸不知"録"者何義之理，然則《馬遷傳》中"十篇缺，有録無書"，《漢志》注中"十篇有録無書"，皆指書成而後有録，録成而後其書乃有佚缺，灼然明矣。

　　王先謙《漢書補注》於《太史公》百三十篇云："班言無書，特就中秘所藏言之耳。"於《夾氏傳》十一卷云："有録者，見於二劉著録。"顧實《漢書藝文志講疏》於《夾氏傳》亦云："有録無書，蓋二劉雖著録，而西京秘府無其書也。"所言並屬合理，否則，信如張氏所云："班氏既明言未有書，則夾氏説《春秋》，但以口授，本未著之竹帛也。"則班氏何必於《夾氏傳》下，更爲明注"十一卷"乎？卷者書帛之稱，明是實有其書，其後亡佚，故屬"有録無書"，不然，《太史公》百三十篇，班注"十篇有録無書"，猶可謂此十篇"未卒成之"，然則《夾氏傳》十一卷，班注"有録無書"，亦可謂此"十一卷"乃"未卒成之"乎？

　　張氏謂志藝文者，當增立"未成"一門，其立意雖佳，然必推而以爲《漢志》之中，即有其例，則未見其可也。

《七略》類例不明重爲釐定例

　　張氏以爲，班氏之於《七略》，其類例有不明確者，輒爲之重新釐定,其門類有未安者,輒爲之重加進退,而皆於自注之中,加以説明。

今按,張氏所舉以爲證者,唯《兵書略》權謀家班氏自注"出司馬法入禮也",與《六藝略》禮類班注"入司馬法一家,百五十五篇"。兩相呼應,有出有入,出之於此,必入之於彼,方屬張氏重爲釐定《七略》門類之例。《諸子略》雜家班注:"入兵法。"設依陶憲曾説,於其上補"出蹴鞠"三字,與《兵書略》技巧家班注:"入蹴鞠也。"兩相呼應,則亦可與上條同例。其餘所舉之例證,如《六藝略》書類入劉向《稽疑》一篇,樂類出淮南、劉向等《琴頌》七篇,小學類入揚雄、杜林二家三篇,《諸子略》儒家入揚雄一家三十八篇,《詩賦略》入揚雄八篇,或言出,或言入,其僅言出者,或言省者。是即班氏於《七略》之中,剔出之書,廓略言之,或得指爲重新釐定《七略》之類例。其僅言入者,"謂《七略》之外,班氏新入之也",書類末顏師古注語。然則,其班氏新入之書,既非《七略》所舊有,明非《七略》本有之類例也,焉得謂爲"重新"釐定者乎?

彼此互著例

張氏以爲:"《漢志》儒家有《景子》《公孫尼子》,而雜家亦有《公孫尼》,兵家亦有《景子》;道家有《伊尹》《鬻子》《力牧》《孫子》,而小説家亦有《伊尹説》《鬻子説》,兵家亦有《力牧》《孫子》;法家有《李子》《商君》,而兵家亦有《李氏》《公孫鞅》;縱橫家有《蒯煖》,而兵家亦有《蒯煖》;雜家有《伍子胥》《尉繚》《吳子》,而兵家亦有《伍子胥》《尉繚》《吳起》;小説家有《師曠》,而兵家亦有《師曠》。"是即《漢志》彼此互著之例也,"簿録家於彼此互著之際,實隱然示人以辨章學術之意,爲用甚弘,學者所宜究心焉"。

今按,張氏以爲《漢志》中已有互著之説,可分以下四點論之:

其一，就書名上考之：秦漢以前，往往以人名爲書名，某人所著之書，即以其人之名名之，設其人所著之書，不止一種，性質不同，分在不同門類之中，而皆以其人之名爲書名，則此在不同門類中之同名二書，又焉能斷其必是一書，而遽以“互著”視之乎？

其二，就篇目異同上考之：則儒家《景子》僅三篇，兵家《景子》乃十三篇；儒家《公孫尼子》乃二十八篇，雜家《公孫尼子》僅一篇；道家《伊尹》乃五十一篇，小説家《伊尹説》僅二十七篇；道家《孫子》僅十六篇，兵家《吳孫子兵法》乃八十二篇，《齊孫子》乃八十九篇；法家《李子》乃三十二篇，兵家《李子》僅十篇；雜家《吳子》僅一篇，兵家《吳起》乃四十八篇；篇數之異，相去遼遠。其餘張氏舉爲互著之書，其兩者篇數相差，雖不若上述數書之鉅，亦皆各有參差，並無兩書全部相同者。大凡某一書籍，篇卷分合，後世演變，容有歧異，而同一時代，同一目録書《漢志》。中，設有互著之書，則其書之篇目，實不應相距如是遼遠。要之，凡此張氏所舉以爲“互著”諸書，其兩兩篇數既有多寡之異，則其內容之不能盡同，乃非完全相同之兩書，蓋可斷言，以之視爲《漢志》互著之例證，無乃不可乎？

其三，就班固言“省”之義例上考之：《漢志·兵書略》權謀家末班氏注云：“省《伊尹》《太公》《管子》《孫卿子》《鶡冠子》《蘇子》《蒯通》《陸賈》《淮南王》。”技巧家末班氏注云：“省《墨子》。”所謂省者，蓋爲班氏省去一書之兩載重出也，雖班《志》所省者，容或並非完全重複之一書兩載。是以凡屬班氏以爲重複之書，既已注明“省”字者矣，則凡班氏不言省者，是即班氏以爲不屬重複相同之書矣，故章學誠乃得據此而謂《漢志》以後，即無互著之例也。章説見《校讎通義·辨嫌名》篇。

其四，自學術淵源上考之：簿録家之言互著者，肇端於章學誠氏之説《七略》，而張氏之説互著自是遠紹章氏之意，至於言

《漢志》之有互著,則張氏實直承孫德謙氏《漢書藝文志舉例》之
謬誤。然而章氏之言互著也,蓋將以"辨章學術,考鏡源流",是
故"獨重家學",且夫《七略》《漢志》每類後評論學術之語,論者
多謂其仿於《太史公自序》之述六家要旨,尤以《諸子略》小序爲然。然
則《史記》以老、莊、申、韓合傳,嘗謂莊周申韓之學,"皆源於道
德之意",而《漢志》中老莊與申韓分列道、法二家。《史記》於孟
荀列傳之中,兼敘慎到、田駢、接子、環淵,而總之曰:"皆學於黃
老道德之術。"而《漢志》則列《慎子》於法家。然則申韓之於老
莊,慎到之於黃老,法家之於道家,豈不皆當互著其書,以"申明
大道"乎?何以班氏不爲之互著?推此意也,則《漢志》之中,其
可互著之書,蓋亦不知凡幾,然則班氏何不爲之一一互著其書,
而僅互著其張氏所舉之十三種書哉?

　　是知張氏以爲《漢志》中已有互著之説,確乎無徵,不可深
信者也,此姑聊舉大端,不遑詳説,予別有"目錄家互著説平議"
一文,刊於《南洋大學學報》第五期中,於此問題,論述較繁,可
供參稽。

單篇別行例

　　張氏以爲:"《中庸》及《孔子三朝記》,俱七十子後學者所記
也,而《六藝略》禮類有《中庸説》二篇,論語類有《孔子三朝》七
篇。《弟子職》及《内業》,皆《管子》書也,而孝經類有《弟子職》
一篇,《諸子略》儒家有《内業》十五篇。"是即《漢志》單篇別行之
例焉。

　　今按簿錄家之言別裁者,亦肇端於章學誠氏之説《七略》,
而張氏之説別裁,自是遠紹章氏之意,至於言《漢志》之有別裁,
則張氏實直承孫德謙氏《漢書藝文志舉例》之謬誤。兹就張氏
之説,論列於後。

　　其一，《漢志・六藝略》禮類《中庸説》二篇，王鳴盛《蛾術編・説録》以爲乃《中庸》之解詁，姚振宗《漢書藝文志條理》亦以爲乃説《中庸》之書，顧實《漢書藝文志講疏》亦云："以《志》既有《明堂陰陽》，又有《明堂陰陽説》爲例，則此非《戴記》之《中庸》明也。"竊以爲《中庸》之有《中庸説》，亦猶《詩經》之有《魯故》《魯説》，《老子》之有《老子傅氏經説》《老子徐氏經説》《劉向説老子》，並見《漢志》。皆是爲之訓釋解故之作也，絶非同一書者。且夫所謂"別裁"之義，蓋所以"裁其篇章"，"別出門類，以辨著述源流"也，然則，《中庸》既已在《禮記》之中，而《漢志》又並列《中庸説》與《禮記》《記》百三十一篇。於同一門類禮類。之中，信如張氏之説，《中庸説》與《中庸》即是一書，實亦不合"別出門類"之義例者。然則，《中庸説》之與《中庸》，既非一書，且又不合"別出門類"之體例，是以《中庸説》裁自《禮記》之説，不可信也。

　　其二，"別裁"之説，既由章學誠氏提出，則"別裁"之義，自亦當以章氏之説爲其依據，今考章氏於《校讎通義》内，屢言"劉歆裁其某某篇入某某"，又言"裁其篇章""別出門類"，又言"有見於學問流別而爲之裁制"，然則，所謂"別裁"，當是部次群書者，積極而主動，自某書之中，裁出其若干篇，轉而著録於另一門類之中，似此，方得謂之爲別裁。今考《史記・五帝本紀》索隱引《別録》云："孔子見魯哀公，問政，比三朝，退而爲此記，故曰《三朝》，凡七篇，並入《大戴禮》。"《三國志・秦宓傳》注、《北堂書鈔》卷九十九、《藝文類聚》卷五十五引《七略》云："孔子三見哀公，作《三朝記》七篇，今在《大戴禮》。"王先謙《漢書補注》於《弟子職》一篇下引沈欽韓云："今爲《管子》第五十五篇，鄭《曲禮注》引之，蓋漢時單行。"夫二劉云"並入"、云"今在"，沈氏云"今爲"，明非《三朝記》《弟子職》本在《大戴禮》《管子》書内，推之

《內業》，亦同此理，當是其書先有單行之本，流傳於世，_{沈云鄭注}《曲禮》引《弟子職》可證。及後世編《大戴禮》《管子》書者，乃復取而入之。_{故劉歆《七略》，以彼等又爲單行獨立之書，乃復予以著錄於同一門類之中。}要之，必非班氏《漢志》，"有見於學問流別"，主動"裁其篇章""別出門類"者也。此與章氏別裁之義，截然有異，而張氏乃據此數書，以爲《漢志》"別裁"之證，不亦謬乎？此姑論其大略，不遑詳說，予另有"目錄家別裁說平議"一文，刊於《書目季刊》六卷三四期中，於此問題，論述較繁，可供參稽。

數書合列例

　　叢書之興，論者多以爲始於宋代俞鼎孫之《儒學警悟》，而一人自著之書，而有叢書之名者，則始於唐代陸龜蒙之《笠澤叢書》。而張氏以爲，《漢志·六藝略》禮類有"《記》百三十一篇"，乃"七十子後學者所記也"，是即叢書之權輿，"雖不標叢書之目，而實有具叢書之體者"。又以《諸子略》中道家《太公》二百三十七篇，儒家《劉向所序》六十七篇、《揚雄所序》三十八篇，爲後世自著叢書之權輿。

　　今按，信如張氏所言，則《詩經》《尚書》，皆不成於一人之手，至其內容，亦包羅甚廣，詩有十五國風、大小雅、三頌之別，書有典、謨、誥、令、誓、命之分，復有虞夏書、商書、周書之異，當亦可謂之爲"不標叢書之目，而實有具叢書之體者"矣，其所成書，皆早於《大》《小戴記》，豈不尤可視爲叢書之權輿乎？降及後世，《管》《晏》《孟》《莊》《呂覽》《淮南》，此類之書，其數多矣，論者皆以爲後學所記，不出於一人之手，則亦皆可目之爲叢書乎？

　　且夫《漢志》之作，刪自《七略》，《七略》之成，沿自《別錄》，向、歆之校書也，羅異本、去重複、別篇章、辨目次、校訛文、定書名，其如《戰國策》一書，蓋亦不出一人之手者，至其書名，"或曰《國策》，或曰《國是》，或曰《短長》，或曰《事語》，或曰《長書》，或曰《修書》"。《戰國策書錄》。而劉向既合衆本爲一書，定名爲《戰國策》矣，《七略》著錄，亦唯題其一書之名，班氏《漢志》，遂循用而弗改，《詩》《書》《管》《晏》《呂覽》等書之衰撰，其理蓋亦莫不如是，此與後世叢書，一部之中，兼包各書，分題各書之名者，截然有異。張氏此條，以《記》百三十一篇"爲"數書"合列，已自不妥，況欲視爲叢書之權輿，不更謬乎？

　　至於一人所著之書，名目甚多者，《漢志》偶亦連舉而合列之，《劉向所序》六十七篇，班氏注云："《新序》《説苑》《世説》《列女傳頌圖》也。"書本不在《別錄》之內，而劉歆《七略》新入之書也，證以班氏於書類新入"劉向《稽疑》一篇"可知。《揚雄所序》三十八篇，班氏注云："《太玄》十九，《法言》十三、《樂》四、《箴》二。"書本不在《七略》之中，而班氏《漢志》新入之書也，儒家類末班注"入揚雄一家三十八篇"可證。然則二書並屬新入之書，故皆附於儒家之末，不及分別著錄矣。小學類新入揚雄《蒼頡訓纂》一篇，亦與杜林之書，並附小學類之末。至如道家類《太公》二百三十七篇復云："《謀》八十一篇，《言》七十一篇，《兵》八十五篇。"此與後世《莊子》之分《內》《外》《雜》篇，性質略異，大體相近，皆屬一人之書，故總題一書之名，亦略示分類之義而已，不可指爲"數書"之合列也。否則，劉向之書，如《五行傳記》十一卷，《賦》三十三篇，揚雄之書，如《訓纂》一篇、《賦》十二篇，亦皆見於《漢志》者，班氏何爲不"連舉而合列之"，綜聚一處乎？張氏欲以《太公》《劉向所序》《揚雄所序》等書，爲《漢志》"數書合列"之例，爲"後世自著叢書之權輿"，要非班氏之意也。

帝王著作各冠當代之首例

　　張氏此條，枚舉儒家類《高祖傳》《孝文傳》爲例，以爲《漢

志》之中,帝王著作,各冠當代之首,並謂"其後《隋志》以歷代帝
王著作冠於各代之首,《四庫全書總目》亦列康、雍、乾御撰之書
於各類清儒著述之前,皆《漢志》遺規也"。

今按班氏於《高祖傳》注云:"高祖與大臣述古語及詔策
也。"於《孝文傳》注云:"文帝所稱及詔策。"是則《高祖傳》與《孝
文傳》,不過記錄高祖、文帝之詔策對語而已,明非高祖、文帝所
自撰,其與後世帝王所撰之詩文別集或古籍注解,自屬有異,謂
之爲"帝王著作",無乃不可乎?<small>如此而爲著作,則凡歷代帝王,無人不當有著作矣。</small>

今考《漢志》於《高祖傳》與《孝文傳》之著録,與《隋志》及
《四庫總目》以帝王所作各冠"當代"之首,其例並不相同,蓋所
謂"當代"者,應是朝代之總名,而非帝號之殊稱,故《隋志》別集
類於《魏武帝集》《魏武帝集新撰》《魏文帝集》《魏明帝集》,皆相
係而總冠於魏代著作之首。《晋宣帝集》《晋文帝集》,皆相係而
總冠於晋代著作之首。《宋武帝集》《宋文帝集》《宋孝武帝集》,
皆相係而總冠於宋代著作之首。《梁武帝集》《梁武帝詩賦集》
《梁武帝雜文集》《梁武帝別集目錄》《梁武帝淨業集》《梁簡文帝
集》《梁元帝集》《梁元帝小集》,皆相係而總冠於梁代著作之首。
《四庫總目》別集類於《聖祖仁皇帝御製初集》《二集》《三集》《四
集》,《世宗憲皇帝御製文集》,亦相係而總冠於清代著作之首。
總集類御選詩文亦相係而總冠於清代著作之首。

然則,設《漢志》之中,果有斯例,以帝王著作,冠於當代之
首,何以《孝文之傳》,不相係於《高祖》之後,而次於《陸賈》《劉
敬》二書之後哉?且《詩賦略》有"上所自造賦二篇",師古曰:
"武帝也。"然則武帝之《賦》,何以不爲次於漢賦之首,賈誼、枚
乘、司馬相如等人之前,而次於《吾丘壽王賦》《蔡田賦》之後,
《兒寬賦》《張子僑賦》之前歟?

張氏嘗謂《漢志》之中,書籍之相次,依時代爲先後,<small>見《釋例》</small>

"依時代爲先後例"。然則，此高祖、孝文之《傳》，武帝之《賦》，亦各依時代爲先後之例耳，張氏云："陸賈、劉敬，高祖時人，故次之高祖之下，孔臧、賈誼，生值孝文，故著於孝文之末。"此非依時代相次之例而何？夫帝王著作，各冠於當代之首者，蓋所以尊之也，如《漢志》以《孝文傳》《武帝賦》雜置於諸臣之間，不過各依時代相次而已，又何尊之有乎？

《四庫總目》凡例之七云："《漢書·藝文志》以高帝、文帝所撰雜置諸臣之中，殊爲非體，《隋書·經籍志》以帝王各冠其本代，於義爲允，今從其例。"凡例之二云："其歷代帝王著作，從《隋書·經籍志》例，冠各代之首。"四庫館臣，蓋亦深知《漢志》之中，絕無斯例者也。而張氏於此條之末，深斥四庫館臣之陋，以爲"直並《漢志》，亦未細讀"，則不免責之過當者也。

以類相從例

張氏以爲，"《漢志》敘次群書，大半以類相從，秩然無混。即開卷《六藝略》易類言之，可以推知其例，首著《易經》十二篇，以下即標《易傳》《災異》《章句》三目"，"中唯《古五子》十八篇，《淮南道訓》二篇、《古雜》八十篇、《雜災異》三十五篇、《神輸》五篇、《圖》一，介在《丁氏》八篇、《孟氏京房》十一篇之間，殊爲錯雜不倫。全祖望《讀易別錄》以《古五子》及《古雜》《雜災異》《神輸》之類，皆通説陰陽災異及占驗之屬，《漢志》誤入經部"。而張氏則以爲，"《漢志》自分條刊刻以來，割裂破碎，多非本來舊第"，此言承自姚振宗氏。"易類此四種書，或原本在災異之下，或後人錯亂之，未可知也，全氏必斥爲誤列，似亦太過"。

今按《古五子》者，班氏注云："自甲子至壬子，説《易》陰陽。"《初學記》卷二十一引劉向《別錄》云："所校讐中易傳《古五子》書，除復重，定著十八篇，分六十四卦，著之日辰，自甲子至於壬子,凡五子,故號曰《五子》。"又《淮南道訓》者,班氏注云:"淮南王安,聘明《易》者九人,號九師說。"《初學記》卷二十一引劉向《別録》云:"所校讐中易傳《淮南九師道訓》,除復重,定著十二篇,淮南王聘善爲《易》者九人,從之採獲,故中書署曰《九師書》。"《文選·齊竟陵文宣王行狀》注引劉歆《七略》云:"易傳《淮南九師道訓》者,淮南王安所造也。"今考劉、班等於此二書,_{班氏之注,當係損益二劉之言而成者,證以向、歆、班固論《淮南道訓》之書,損益之迹,脈絡可尋。}或謂之爲"說易""明易",或謂之爲"易傳""分六十四卦",然則此二書者,明是易傳解詁之屬,其於《七略》《漢志》之中,著録次第,蓋亦無殊,當是並"蒙上文易傳二字"者也。然則張氏以爲"易類此四種書_{承全氏所指四種}。或原本在《災異》之下"者,亦當分別言之,《古雜》《雜災異》《神輸》三種,或當依張氏所謂,次於《災異》之下,唯《古五子》本爲說易之書,則當與《淮南道訓》並入易傳之下,方屬合宜。至於全祖望氏《讀易別録》所論,姚振宗氏已謂全氏:"欲借端以詰難《經義考》,其意有在非爲本《志》而發,置之不論可也。"_{《漢書藝文志條理》。}

張氏於此條之中,又云:"儒家《平原君》七篇,班氏自注云:'朱建也。'考朱建爲漢初人,其書不應廁《魯連》《虞卿》之間,今本次第,蓋後人誤以爲六國時平原君而移易之,沈鑄《銅熨斗齋隨筆》已言之矣。"是亦後人改易《漢志》叙次之一例。今考姚振宗氏《漢書藝文志條理》,亦嘗謂"平原君一家,舊當在漢人之中","當在《孝文傳》之後","爲後人妄移次第",其意與沈氏、張氏等並同。

今按班氏既明言"朱建",後人無庸誤爲趙勝,而改易《漢志》叙次之理,予疑此平原君者,當是趙勝,而非朱建也。徵諸《史記》,趙勝與魯仲連、虞卿爲並時之人,趙孝成王時,秦將白起破長平軍,圍邯鄲,魏安釐王使新垣衍閒入邯鄲,因平原君趙勝謂趙王,使尊秦昭王爲帝,於是魯仲連乃往見平原君,請爲責之，衍遂不敢復言帝秦矣，其邯鄲之圍時，虞卿適爲孝成王相，與謀國政，然則，趙勝與魯仲連、虞卿二人，既並同時，則《七略》著錄《平原君》一書於《魯仲連子》《虞氏春秋》之間，正得其所，蓋即張氏所謂"依時代爲先後"之例也。設如《平原君》一書，《七略》舊次，即在漢人之中，就朱建而言，則時代正合，無所疑似，班氏無庸更注朱建其名之理，是知後人改易《平原君》舊次之說，爲不可信，《平原君》之在《魯仲連子》與《虞氏春秋》之間，蓋《七略》敘次，原本如是，班氏《漢志》，當亦循而未改也。《漢志·兵書略》有《魏公子》二十一篇，蓋"諸侯之客進兵法，公子皆名之，故世俗稱魏公子兵法"。然則趙勝名下之有述作，不足異也。且《史記》嘗謂魯仲連"好奇偉俶儻之畫策"，謂虞卿爲"游說之士"，《漢志》並入之儒家類中，則趙勝之書，列之儒家，亦何爲不可乎？及班氏刪《七略》，以爲《漢志》，或涉漢人姓氏而誤注"朱建"之名，而諸家承之，亦別無佐證，則是寧信班氏之注，不信《七略》之書矣，予爲此說，雖前無所承，然自信或不謬於古人之用心也。

於敘次中寓微旨例

張氏以爲："儒者之效，在能匡時濟物，以有爲於當世，其次則貴明教化，以助熙平之治。"故"《漢志》儒家首列《晏子》，已隱然示人以大儒之效"，自《子思》以下十三家，皆各懷淑世之術，非後來敷演空論之比。自《內業》至《功議》，七家之書，"大抵經世布政之通論"。自《寧越》至《虞氏春秋》，十一家書，"明此諸子者，雖非仲尼之徒，猶足以獻策諸侯，立名當世，與漢世儒生大殊"。至於儒效之隱，則"原於漢世"，故《漢志》著錄群書，"其於漢儒之前，七十子之後，必以此十八家之書居其間，蓋以明儒效，自廣而狹，自著而微之迹耳"。此即"劉、班校錄群書時，辨章學術之精意"，"於敘次中寓微旨"，"非深通乎道術之原者，曷足語此"，"第未易爲世俗淺夫道耳。"

　　今按,張氏既有"依時代爲先後例",則此儒家之叙次,亦不過一依時代先後爲之相次而已,初無微旨可寓。若謂自《内業》至《虞氏春秋》,十八家書,即是劉、班有意"以明儒效,自廣而狹,自著而微之迹",則亦不過儒者致用之迹,恰隨時代變易,益爲隱晦而已,當非劉、班著録,有意如此相次群書也,不然,設如儒者之效,果屬自微而著,自狹而廣,然則,劉、班亦將以此十八家書,自《内業》至《虞氏春秋》,反其時代而著録乎?亦將以此儒家之書,自《晏子》至《揚雄所序》,反其時代而著録乎?是必不可通者。

　　至於張氏所謂"史遷爲《儒林傳》,以紀當世經生,蓋嘲之也"者,則尤爲無稽之談,考《太史公自序》云:"自孔子卒,京師莫崇庠序,唯建元、元狩之間,文辭粲如也,作《儒林列傳》第六十一。"《儒林傳》正義引姚承云:"儒林,謂博士爲儒雅之林,綜理古文,宣明舊藝,咸勸儒者以成王化者也。"夫史公明言建元、元狩之間,文辭粲如,故作《儒林列傳》,以記一代儒學自衰及盛而已,姚承所釋,理正宜然,何嘗有意譏嘲之哉?大抵張氏好爲新異之説,立意過高,遂不免強古人以就己意也。

　　抑予之讀張氏此條也,猶有不容已於言者存焉,蓋致用之説,亦難言矣,即就班《志》儒家所列漢世儒者言之,如陸賈者,"固當世之辯士",嘗使南越,卒使南越稱臣以歸,又於陳平、絳侯之間,"和調將相","及誅諸吕,立孝文帝,陸生頗有力焉",著書凡十二篇,號曰《新語》,"述存亡之徵",然則,此非儒者之效乎?

　　如劉敬者,過洛陽,説高帝,"脱輓輅一説,建萬世之安",然則,此非儒者之效乎?

　　如賈誼者,"年二十餘,文帝詔以爲博士","每詔令議下,諸老先生不能言,賈生盡爲之對","劉向稱賈誼言三代與秦治亂之意,其論甚美,通達國體,雖古之伊、管,未能遠過也,使時見用,功化必盛"。然則,此非儒者之效乎?

如董仲舒者,"凡相兩國,輒事驕王,正身以率天下,數上疏諫爭,教令國中,所居而治","仲舒在家,朝廷如有大議,使使者及廷尉張湯就其家而問之,其對皆有明法","及仲舒對册,推明孔氏,抑黜百家,立學校之官,州郡舉茂材孝廉,皆自仲舒發之"。然則,此非儒者之效乎?

如公孫弘者,"爲學官,悼道之鬱滯",故請於武帝,"爲博士官置弟子五十人",廣興儒學,"自此以來,則公卿大夫士吏,斌斌多文學之士矣",然則,此非儒者之效乎?

若此諸儒,寧非"經世布政""匡時濟物""立名當世""以助熙平之治"者歟?以視乎孟軻之"轍環天下,卒老於行",荀卿之"逃讒于楚,廢死蘭陵"者,其儒者之效,又何如哉?而張氏乃深譏漢之儒生,以爲儒效之隱,原於漢世,是豈公論哉?

經典不標作者主名例

張氏以爲:"《漢志》於六藝本經,率不標作者主名,而惟於傳訓章句,詳舉姓字,非數典而忘祖也,世遠年湮,不能直指爲何人,寧缺毋誤,蓋慎之耳。"

今按班氏《漢志》總序,明謂删自《七略》,以備篇籍。然則,《藝文志》中,"經典不標作者主名",當亦班氏承自劉歆《七略》之舊而已,《七略》則承自《別錄》。要非班氏有意爲之不標作者主名者也,此義,張氏本亦知之,張氏於所撰《廣校讐略》卷二,嘗論古初著述不自署名之故,有云:"《漢志》於六藝本經,率不標作者主名,斯蓋向、歆父子部次群書時原本如此,班氏循而未改,實隱然示人以辨章學術之意。"其言甚是,然則,張氏《廣校讐略》一書先成,始印於一九四五年。《漢書藝文志釋例》後刊,始印於一九四六

年。於此例也,其初謂《漢志》有循於《七略》,其後乃意指班氏之
自創,改易前言,轉陷謬誤。要之,皆是過崇《漢志》,欲其兼具
衆美於一身之故也,乃不覺其立説之未能一致。

姓字上署職官例

張氏以爲:"古人爲書,多無大題,著録之際,倉卒不得其書
名,乃取其人姓字以當書號,復恐姓字或有雷同,遂并其職官盡
載之,蓋所以示區分也。"

今按,張氏此條,舉以爲證者,計《諸子》《詩賦》二略中三十
種書,皆姓字上加署職官之名者,就中除縱橫家之《秦零陵令
信》一篇之外,其餘二十九種,其作者率皆漢代本朝之官吏,此
由班氏自注及書籍叙次先後,可以知之。

然而此條,設如張氏所説,書名上加署職官,乃是唯恐姓字
或有雷同。所以示其區分者,則有三事,將不得其解者:

其一:《漢志》之中,作者有職官可考者,爲數極多,即以班
氏自注明舉其職官者言之,如魏相、左丘明、鐸椒、虞卿、李斯、
趙高、胡母敬、晏子、李克、孫卿子、管子、商君、申子、墨子、龐
煖、伍子胥、由余、氾勝之、蔡祭、虞初、范蠡、文種、師曠、萇弘
等,多非漢代本朝之官吏,然則,何以班氏《漢志》,於本朝官吏,
多署官銜於書名之前,而於前代官吏,則或於注中明之?

其二,如謂人名或有雷同者,班氏乃加職官,以示區分,然
而班氏既於儒家《平原君》一書下注明"朱建"矣,則於姓字有雷
同疑似者,更做其例,一體加注,豈不良佳,何必一一爲之加署
職官,與《志》中其他書籍相較,寧非自亂其例哉?

其三,今考班氏所舉書名上署職官者三十種書,徵之《漢
志》,何以並無一書其作者姓字有與他人雷同疑似者? 儒家孔臧與
《詩賦略》之孔臧爲一人,班氏已並署職官之名,唯《詩賦略》之馮商與春秋類之馮商實係
一人,何以《詩賦略》中加署職官,春秋類中又不署職官? 豈非自亂其例,尤易使人誤以

兩馮商爲二人也。反之，漢世傳《易》者，有兩京房，一爲太中大夫，楊何之弟子也，一以孝廉爲郎，字君明，焦延壽之弟子也，二人事迹見《漢書·儒林傳》與《京房傳》。然則，此蓋姓字雷同，最易使人疑似涉誤者也，何以班氏於《六藝略》易類《孟氏京房》十一篇、《災異孟氏京房》六十六篇、《京氏段當作殷。嘉》十二篇上，不爲加署職官之名，以示區分哉？

以上三事，皆屬不得其解，使人不能無疑者，予意以爲，姓字書名。上加署職官，《七略》《漢志》之中，以見於《詩賦略》者爲多，此條，《七略》《漢志》可以合論，《漢志》當承《七略》之舊而已。或是劉、班以爲本朝大臣，尊而稱之，秦零陵令信，或亦由秦入漢之官。或是文人別集，自署官稱，如後人之以官名諡號爲集名之例者，劉、班不過就其已成之書名，加以著錄而已，蓋已不可詳知，要之，恐非班氏有意加署職官，以示區分者也。

書名從後人所定者標題例

張氏以爲：“《漢志》著錄群書，仍用作者原題，此正例也。”其變例有二，“一曰據劉向新定之名而標題”，如《戰國策》《淮南》從劉向所新定者是也，“二曰遵時人習用簡稱而標題”，如《晏子春秋》《雋永》從時人習用而稱《晏子》《蒯子》者是也。

今按《漢志》總序，班氏自謂藝文一志，删自《七略》，以備篇籍，《戰國策》《淮南》之名，既定於劉向校書之時，今存劉向《戰國策叙錄》及高誘《淮南子注序》可證，張氏亦嘗引以爲説。然則劉歆《七略》，上承《別錄》，無庸不用其父所定新名之理，及至班氏《漢志》，不過沿用《七略》之舊名而已。班氏之於《七略》，除增省出入者，多以自注説明之外，其餘書籍著錄，仍《七略》舊貫，不加改易，此則前人之述備矣。是則《戰國策》《淮南》二書之名，謂之爲劉歆《七略》從劉向所定者則是，謂之爲班氏《漢志》從劉向新定者，則仍未達一間，此兩者，差異雖微,要不能不爲之分別,張氏嘗云:"班氏志藝文,雖原本《七略》,然其爲例有不盡同《七略》者。"今《七略》已佚,後人固可就《漢志》一書,以窺探《七略》之大旨,如章學誠氏就《漢志》以討論《七略》義例。而考究班《志》者,則當謹守《漢志》之藩籬,其義例之同於劉歆者,固可取與《七略》,比合而觀之,苟不礙於《七略》之義例,則亦可逕題《漢志》之名,論班即所以論劉者。如張氏以時代爲先後例,以類相從例,姓字上署職官例等,《七略》《漢志》其例並同。其義例之異於劉歆者,則當仍與《七略》,各歸本類,分別而觀之,使無相混淆也。如張氏不錄祖先書例、《七略》類例不明者重爲釐定例、書名下不錄解題例、彼此互著例等,則不宜與《七略》合併觀之矣。然則,張氏此條,討論《漢志》之例,而有駸駸然入於《七略》之畛域,無乃不可乎?

至謂《晏子春秋》《雋永》乃遵時人習用簡稱而標題爲《晏子》《蒯子》,則亦未爲盡是者,蓋秦漢著述,往往以人爲書名,其人所著之書,即以其人之名名之,《漢志》之中,此例頗多,即以《史記》《漢書》列傳中書名有徵,而《漢志》改從作者之名者言之,《陸賈新語》,《漢志》但名《陸賈》,《賈山至言》,《漢志》但名《賈山》,《賈誼新書》,《漢志》但名《賈誼》,是則以人名爲書名,當是秦漢時人"習用"慣例,而非爲"簡稱"之名也,否則,《晏子春秋》固可因簡而稱《晏子》,《雋永》五篇,《漢志》名爲《蒯子》,則未知如何簡稱之法也。且《晏子》《蒯子》之名,要亦由於《七略》承用在先,《漢志》沿襲於後也,並以屬之《漢志》,無乃不可乎。

丙、餘論

張氏於《釋例》之首，嘗自述撰寫茲篇之故，蓋始於不滿孫德謙氏《漢書藝文志舉例》一文，故乃重爲撰著，並謂《釋例》之作："大半爲孫氏所不及道，其於先儒簿録群書之旨，或有合焉。"又謂："學者苟能取孫書並觀之，必恍然知劉、班之例，固在此而不在彼也。"是則張氏《釋例》之作，其面貌内容，實當大異於孫氏之作，方屬合理，否則，如僅爲前人補苴罅漏，訂正訛謬，是不必煞費周章，別自經營，另立門户者矣。

然而，細讀張氏之作，乃覺《釋例》一書，其同於孫氏而取於孫氏之例者，誠亦不在少數，至與孫例有所差異之處，則又互有得失，未可全指孫氏爲謬者。

茲乃剌取張孫二氏之例，較其大略，究其沿襲，蓋亦張氏所謂"取孫書並觀"之意也，然後乃知張氏所謂"劉、班之例，固在此而不在彼"者，初亦未爲不移之論也。

張氏《釋例》，凡三十事，孫氏《舉例》，凡四十六事，而張孫二氏之作，並皆未加標號，不利指稱，以下所論，謹據兩篇目次，各爲標舉目碼，俾便省覽。茲先略説張氏《釋例》與孫氏《舉例》之異同承襲，而後更列表以明之。

一、張氏之例同於孫氏者

A. 幾乎全部承自孫氏之例者

⑤書名下不録解題例 ⑥彼此互著例 ⑦單篇別行例 ⑨每類之末用總結例 ⑩每略之末用總論例 ⑭每類中分標子目例 ㉑標注書中大旨例 ㉒標注書中篇章例 ㉙疑不能明者加注例

　　B. 大體承自孫氏之例者

　　④《七略》類例不明者重爲釐定例 ⑧數書合列例 ⑬以類相從例 ⑱姓字上署職官例 ⑲書出衆手者署名例 ⑳書名從後人所定者標題例 ㉔標注作者行事例 ㉖標注作者時世例(二) ㉗人名易混者加注例 ㉙書係依託者加注例

　　二、張氏之例不同於孫氏者

　　C. 張氏有,孫氏無,而張氏之例甚是者

　　①不錄見存人書例 ⑪依時代爲先後例 ⑮鈔纂之書各歸本類例 ㉓標注作者姓名例 ㉕標注作者時世例(一) ㉘書名易混者加注例

　　D. 張氏有,孫氏無,而張氏之例不可信者

　　②不錄祖先書例 ③未成之書依類著錄例 ⑫帝王著作各冠當代之首例 ⑯於叙次中寓微旨例 ⑰經典不標作者主名例

　　E. 張氏無而孫氏有之例

　　例略,見附表。茲就前列資料,更爲分析於後:

　　(一)孫氏《舉例》之作,先於張氏《釋例》而成,張氏《釋例》,又爲不滿孫氏《舉例》而作,是則張氏之於孫例,必先爲之熟讀深思,而後乃能識其利病得失者,然則張氏《釋例》之中,其有同於孫氏之例者,逕視爲張氏沿承孫氏之例,當屬極其自然之事。

　　(二)茲就大略比較所得,則知張氏《釋例》,其 A 項,幾乎全部承自孫氏《舉例》者,凡得九條,佔《釋例》30％,其 B 項,大體承自孫氏《舉例》者,凡得十條,佔《釋例》33.3％。又張氏《釋例》,不同於孫氏《舉例》,_{張氏有孫氏無},屬於張氏自爲之例。其 C 項,張氏所言甚是者,凡得六條,佔《釋例》20％,其 D 項,張氏所言不甚可信者,凡得五條,佔《釋例》16.7％。

　　(三)綜而言之,張氏《釋例》一書,其承沿於孫氏《舉例》舊

作者，凡得一十九條，佔《釋例》全書 63.3%，過於半數甚遠。其屬張氏自爲之例，凡得十一條，佔《釋例》全書 36.7%，不及半數，設更去其自爲而不甚可信之例，則爲數更屬稀少矣。

（四）就 A 項而言，張氏之例，雖則幾乎全部承自孫氏，而亦可分別說之，其一，《漢志》之例，義極明顯，盡人可知者，如⑤⑨⑩㉒等條皆是也。其二，孫氏之例甚是，而張氏亦承沿其是者，如⑭㉑㉚等條皆是也。其三，孫氏之例謬誤，而張氏亦承沿其謬誤者，如⑥⑦等條皆是也。

（五）就 B 項而言，張氏之例，雖則大體承自孫氏，而亦可分別說之，其一，孫氏之例甚是，而張氏大體承沿其是者，如⑲㉔㉖㉗㉙等條皆是也。其二，孫氏之例謬誤，而張氏亦大體承沿其謬誤者，如⑧⑳等條皆是也。其三，孫氏之例不誤，而張氏承沿之，又加引申，乃因而錯謬者，如④⑬⑱等條皆是也。

（六）就 C 項而言，張氏之例，不同於孫氏，張氏有而孫氏無。然其例甚是，此則屬於張氏自爲之例，而較有價值者。就 D 項而言，張氏之例，不同於孫氏，張氏有而孫氏無。然其例不盡可信，此則屬於張氏自爲之例，而甚爲謬誤者。

（七）至於 E 項，孫氏《舉例》所有，而張氏《釋例》所無者，亦可分別說之。其一，孫氏有，其例錯謬，而張氏不加取用，此則張氏明於趣捨，極有見地者。其二，孫氏有，其例甚是，而張氏不加擇取，此則張氏囿於主觀，先有成見者，未足爲法也。張氏所無，孫氏所有之例，其甚非者，如"學派不同者可並列一類例"，其甚是者，如"書有圖者須注出例"，"一人事略先後不複注例"，此姑略舉，孫氏之例及其是非，皆見後表。以上乃就張氏之例與孫氏之例，較其異同，略論大端者，茲爲清晰起見，更列一表，以供參稽。表中異同比較之符號，即採用前列所述之標號。

張孫二例異同比較表

張氏《釋例》	孫氏《舉例》	異同比較	分析	張氏例有所謬誤者
① 不錄見存人書例		C		
② 不錄祖先書例		D		X
③ 未成之書依類著錄例		D		X
④《七略》類例不明者重爲釐定例	⑨ 稱出入例 ⑪ 稱省例	B	B3	X
⑤ 書名下不錄解題例	① 所據書不用條注例	A	A1	
⑥ 彼此互著例	㉚ 互著例	A	A3	X
⑦ 單篇別行例	㉙ 別裁例	A	A3	X
⑧ 數書合列例	㉘ 一人之書得連舉不分類例	B	B2	X
⑨ 每類之末用總結例	㊻ 用總結例	A	A1	
⑩ 每略之尾用總論例	④ 辨章得失見後論例 ⑤ 每類後用總論例	A	A1	
⑪ 依時代爲先後例		C		
⑫ 帝王著作各冠當代之首例		D		X
⑬ 以類相從例	⑧ 分別標題例	B	B3	X
⑭ 每類中分標子目例	⑥ 一類中分子目例 ⑦ 分類不盡主子目例	A	A2	
⑮ 鈔纂之書各歸本類例		C		
⑯ 於叙次中寓微旨例		D		X
⑰ 經典不標作者主名例		D		X
⑱ 姓字上署職官例	㊷ 書名上署職官例	B	B3	X
⑲ 書出衆手者署名例	⑫ 稱等例 ㉗ 一書爲數人作者其姓名並署例	B	B1	
⑳ 署名從後人所定者標題例	㉒ 書名與篇數可從後人所定著錄例 ㊹ 書名省稱例	B	B2	X

续表

張氏《釋例》	孫氏《舉例》	異同比較	分析	張氏例有所謬誤者
㉑ 標注書中大旨例	③ 一書下絜大旨例	A	A2	
㉒ 標注書中篇章例	㉕ 書中篇章須注明例	A	A1	
㉓ 標注作者姓名例		C		
㉔ 標注作者行事例	⑱ 尊師承例 ⑲ 重家學例 ⑳ 書有傳例 ㉛ 引古人説以見重例	B	B1	
㉕ 標注作者時世例（一）		C		
㉖ 標注作者時世例（二）	⑩ 稱並時例 ㊳ 前後叙次不拘例	B	B1	
㉗ 人名易混者加注例	㊶ 人名易混者加注例	B	B1	
㉘ 書名易混者加注例		C		
㉙ 書係依託者加注例	㉝ 其書後出言依託例	B	B1	
㉚ 疑不能明者加注例	㉔ 書無撰人定名可言似例 ㉞ 不知作者例 ㉟ 不知何世例	A	A2	
	② 删要例	E	E2	
	⑬ 稱各例	E	E2	
	⑭ 稱所加例	E	E2	
	⑮ 稱所續例	E	E2	
	⑯ 書有別名稱一曰例	E	E2	
	⑰ 此書與彼書同稱相似例	E	E2	
	㉑ 書爲後人編定者可並載例	E	E1	
	㉓ 學派不同者可並列一類例	E	E1	
	㉖ 書有圖者須注出例	E	E2	
	㉜ 引或説以存疑例	E	E2	
	㊱ 傳言例	E	E2	

续表

張氏《釋例》	孫氏《舉例》	異同比較	分析	張氏例有所謬誤者
	㊲ 記書中起訖例	E	E2	
	㊴ 一人事略先後不複注例	E	E2	
	㊵ 書缺標著例	E	E2	
	㊸ 自著書不列入例	E	E1	
	㊺ 篇卷省稱例	E	E2	

説明:

A1 代表《漢志》之例,義極明顯,盡人可知者。

A2 代表張氏之例同於孫例而是者。

A3 代表張氏之例同於孫例而非者。

B1 代表張氏之例大體同於孫例而是者。

B2 代表張氏之例大體同於孫例而非者。

B3 代表孫例不誤,張氏大體承之,又加引申,乃因而錯誤者。

E1 代表孫例有張例無。而非者。

E2 代表孫例有張例無。而是者。

X 代表張例之謬誤者。

張氏《漢志釋例》之作,就大體而言,亦有勝於孫氏《舉例》者,一在於張氏之分别甄審、著録、叙次、標題、注記五門,眉目清晰,遠過於孫氏舊例之繁蕪,二在於叙目較有層次,條理井然,亦愈於孫氏舊例之錯雜,三在於徵引書籍,多用引號,標點清晰,使人易於識别,亦優於孫氏舊例之紊亂。

要之,張氏《釋例》之作,較之孫氏《舉例》,踵事增華,後出轉精,本屬當然之事,尤以注記一門,最爲精審,吾無間言,設以孫張二例之中,必不得已,去其一焉,則去彼取此,蓋無疑義。

　　然而，張氏《釋例》之作，承沿自孫氏《舉例》者，既已甚多，承沿自孫氏之謬誤者，亦復不少，論其大體，雖稍優於孫氏之《舉例》，然必謂"劉、班之例，固在此而不在彼"，則不可也，必謂《釋例》一書，"大半爲孫氏所不及道"，則尤不可也。

　　大凡古人著書，往往不自標凡例，是以《釋例》一類作品，原本在闡述古人既有而未顯言之體制，是以《釋例》一類作品，就其基本方法而言，當多採歸納，而少用演繹，歸納所得之例證愈多，則其所獲結論，亦將愈爲近乎真理，否則，僅憑單文孤證之演繹，則罕有不爲主觀成見所蒙蔽者也。因之，《釋例》之撰，是乃叙述，而非創作，作者曰聖，述者曰明，本屬截然分途，然而，中國學者，自來輒喜託古改制，往往以述爲作，不肯自著一書，往往假古人之書，以寓寄其一己之理想，明是本身創見，乃多託之古人，反謂古已有之，唯以述者自居，故其所述，則又距離古人之真象，往往相去甚遙，是不免以己之所窺，強坐爲古人已然之見也。

　　設就此意論之，則孫氏《舉例》之作，雖亦"規規於史家筆法及修志義例"，而論其發明古人義例，則大體尚屬平正，其謬誤反較少者，而張氏《釋例》，則於《漢志》一書，推之過高，求之過深，且又欲寓作於述，於述古之中，寓其創新之意，乃不免務於新奇，有心立異者矣，此實張氏偏蔽之癥結所在，此所以本篇於"商榷"之中，所訂正者，亦以張氏過於主觀，強古人以就己意者爲多也。

附注

一、《廣校讎略》一書,一九四五年刊行,僅刷印五百部,故流布甚稀。《漢書藝文志釋例》一篇,一九四六年嘗刊入張氏所撰之《積石叢稿》。一九六三年四月北京中華書局重刊《廣校讎略》,張氏乃以《漢書藝文志釋例》《毛詩故訓傳釋例》《世説新語注釋例》三文,附於是書之末,一併刊行。

二、孫氏《漢書藝文志舉例》,開明書店曾收入《二十五史補編》之中,一九三六年出版。

(此文原刊於新加坡新社學報第五期,一九七三年出版)